Gerson Wolf

Josefina

Gerson Wolf

Josefina

ISBN/EAN: 9783743362321

Hergestellt in Europa, USA, Kanada, Australien, Japan

Cover: Foto ©ninafisch / pixelio.de

Manufactured and distributed by brebook publishing software (www.brebook.com)

Gerson Wolf

Josefina

VON

G. WOLF.

WIEN, 1890.
ALFRED HÖLDER,
K. U. K. HOF- UND UNIVERSITÄTS-BUCHHÄNDLER,
ROTHENTHURMSTRASSE 15.

Druck von R. Spies & Co. in Wien.

VORWORT.

Am 20. Februar 1890 werden es hundert Jahre sein, seitdem Kaiser Josef II. die müden Augen geschlossen hat. Dieser „Schätzer der Menschheit" hat jedoch bis jetzt noch keinen Biographen gefunden, der in entsprechender Weise das Leben und Wirken des Menschenfreundes auf dem Throne geschildert hätte, der Saaten ausgestreut, die heute noch eine reichliche Ernte bringen.

Ich betrachtete es daher gewissermaassen als eine Pflicht, Beiträge zu einer Geschichte dieses Monarchen, die denn doch gewiss von berufener Seite aus geschrieben werden wird, zu veröffentlichen. Wie schon der Titel sagt, beabsichtige ich nicht, etwas Ganzes, Abgerundetes zu geben; ich hebe blos Momente heraus, die mir der Beachtung werth erscheinen. Ich gebe oft den Wortlaut der Voten etc., weil ich glaube, dass man in solcher Weise am besten der geschichtlichen Wahrheit entspricht und den Geist der Zeit und der Männer, die an dem Webstuhle derselben sassen, kennen lernt; die kaiserlichen Resolutionen sind zumeist wörtlich gegeben. Der grösste Theil derselben trägt das Josefinische Gepräge. Sie sind geistvoll und witzig, dabei öfters voll gutmüthigen Humors oder auch voll stechenden Hohnes und Spottes.

Ich habe den Fundort der Acten, die ich benützte, nur da angegeben, wenn ich sie nicht an dem Orte, wo sie eigentlich sein sollten, gefunden hatte. Sonst ergibt es sich von selbst, dass Acten, die Cultus und Unterricht betreffen, im Archiv des Ministeriums für Cultus und Unterricht, und jene über politische Angelegenheiten im Archiv des Ministeriums des Innern zu finden sind etc.

Wien, am Geburtstage Grillparzer's 1890.

Der Verfasser.

INHALT.

		Seite
I.	Vorträge der Minister. — Pressfreiheit und Censur. — Der Kaiser wahrt die Hoheitsrechte des Staates. — Conduitenlisten	1
II.	Der Nexus mit ausländischen Ordensgeneralen. — Die neue Diöcesaneintheilung. — Die Bisthümer in Tarnow, Linz und in der Bukowina. — Neue Pfarreintheilung. — Religions- und Schulfond	13
III.	Gehorsam gegen die Gesetze. — Der Fall Blarer. — Förderung der Bildung. — Geistlicher Nachwuchs	30
IV.	Klosterangelegenheiten	58
V.	Protestanten, nicht unierte Griechen, Juden, Deisten	74
VI.	Briefe und Handschreiben	104
VII.	Excurse	126

I.

(Vorträge der Minister. — Pressfreiheit und Censur. — Der Kaiser wahrt die Hoheitsrechte des Staates. — Conduitenlisten.)

Das Urtheil über die Kaiserin Maria Theresia ist jetzt festgestellt. Man weiss, was sie gethan und geleistet und kann den Wert dieser grossen Monarchin vollkommen würdigen. Es lässt sich aber auch nicht bestreiten, dass insbesondere in ihren letzten Regierungsjahren manche Missstände an den Tag traten. Der religiöse Friede war, insbesondere durch die harte Behandlung der Protestanten, arg geschädigt; die Finanzen des Staates waren in grösster Zerrüttung und die ganze Staatsmaschine bewegte sich in einem trägen, schleppenden Gang. Es gab daher auf allen Gebieten zu schaffen und zu wirken und ist es nur zu beklagen, dass ihr grosser Sohn, der Kaiser Josef II., im Uebereifer da und dort über das Ziel hinaus geschossen hat.

Es liegt nicht in unserer Absicht, ein Gesammtbild von der Wirksamkeit Josef's zu geben; wir bringen blos Beiträge zu einer Charakteristik dieses wahrhaft edlen Monarchen, des „Schätzers der Menschheit". Es liegt uns ferne, ihn mit einem Heiligenscheine zu umgeben und werden wir daher auch begangene Irrthümer nicht verschweigen.

Heben wir zunächst einige Momente auf politischem Gebiete hervor.

Zur Zeit der Kaiserin Maria Theresia kamen die Minister allwöchentlich am Dienstag zum mündlichen Vortrag über sämmtliche Einläufe in den letzten acht Tagen. Als Josef zur Regierung gelangte, erstatteten die Minister zumeist schriftlich

Vortrag. Der Kaiser hielt es daher für Zeitverlust, wenn auch ferner jedesmal bis Dienstag gewartet würde, und ordnete am 26. April 1781 an, dass künftig diese Vorträge „allsogleich, so wie sie in fertigen Stand gelangen, an allen Tagen der Woche mir ohne Weiteres heraufgegeben werden".

Wie bekannt, suchte der Kaiser Ersparungen im Haushalte des Staates herbeizuführen. Graf Chotek, Präsident der Hofkammer, machte diesbezüglich folgende Vorschläge, 14. Oct. 1782, die wir, wir möchten sagen der Curiosität halber, anführen: die Kanzleibedürfnisse pauschaliter zu repartiren, die Amtsstunden Nachmittags aufzuheben*), wodurch Holz und Licht erspart wird, und statt des Siegellackes Oblaten zu gebrauchen. Hierauf rescribirte der Kaiser:

„Von diesem Vorschlag ist zwar auf diese Art kein Gebrauch zu machen, doch unterliegete es allerdings einer Betrachtung, ob nicht die Kanzleistunden dahin könnten abgeändert werden, dass sie in allen Aemtern, Ländern und Kanzleien von 8 Uhr Früh bis 3 Uhr Nachmittags bestimmt würden, wodurch bis auf die Journalisten, welche früher zum Essen gingen, um nachher um 3 Uhr sich einzufinden, die übrigen, wenn nicht besondere Arbeiten vorfielen, von 3 Uhr frei wären und dadurch im ganzen alle Beleuchtung erspart, die Feuersicherheit erhalten und zugleich die Augen der Arbeitenden geschont würden."

Wie man weiss, besteht diese Einrichtung bis jetzt in den österreichischen Aemtern.

Bekannt ist die Anekdote von der Republik mit dem Grossherzog an der Spitze. Unter Kaiser Josef gab es Pressfreiheit mit Censur. Der Kaiser hatte geglaubt, dass die Pressfreiheit das geeignetste Mittel sei, um die Schäden und Mängel im Staate zu saniren, und sollte die Censur nur in Fällen einschreiten, wenn die Pressproducte zum Schaden und Nachtheil des Staates waren, oder wenn das Privatleben angegriffen wurde etc. Der Kaiser machte jedoch mit der Pressfreiheit, die er gewährt hatte, bittere Erfahrungen. Das, was producirt wurde, bot wenig Geniessbares, und gar Manche benutzten die Pressfreiheit, um sogar den Kaiser selbst anzugreifen und die Hand zu strafen, die ihnen wolgethan. Der Kaiser aber wollte überhaupt nicht, dass die Journale sich mit ihm beschäftigen.

*) Die Amtsstunden waren damals von 8—12 und von 3—6.

Da aber „Die Post von Wien" und das „Wiener Blättchen" öfters Nachrichten über den Kaiser brachten, so befahl er. 17. Mai 1783, ihnen solches zu untersagen.

Wie sehr der Kaiser wünschte, dass die literarischen Producte von einem gediegenen Geist und Streben getragen werden, beweist auch folgender Fall: Als es sich um die Verwendung des Fondes der böhmischen Agricultur-Gesellschaft handelte, bemerkte der Kaiser, 7. Juli 1781: „Die Agricultur-Gesellschaft kann, da sie als nützlich geschildert wird, fortbestehen. Sie soll aber ihre Gelder nicht blos auf wirkliche Prämien der besten und witzigsten Scribenten, sondern auf die, welche den Ackerbau und die Anpflanzung am besten gepflogen haben, nach Billigkeit verwenden."

Um die schlechten Presserzeugnisse zu verhindern, griff der Kaiser zu einem Mittel, welches auch das Aufkommen einer guten Presse hinderte. Er resolvirte nämlich den Vortrag vom 16. Jänner 1789, wie folgt:

„Die Stempelung und die daraus entstehende Belegung der verschiedenen Zeitungen, öffentlicher Tages- und Wochenblätter und sämmtlicher Brochüren, dann Comödien ist allerdings als das wirksamste Mittel einzuführen. Die Scribler, die schon mit der bestehenden Pressfreiheit so viel Unsinn und so viel abgeschmacktes Zeug zur Schande der sogenannten national aufkeimenden Literatur und Aufklärung hervorgebracht haben, künftig zu mässigen und auch künftig dergleichen Schriften Einführung hintan zu halten. Das Wiener Diarium ist allein davon auszunehmen."

Der jährliche Ertrag dieser Steuer, etwa 14—15.000 fl., sollte zur Errichtung eines so notwendig als nutzbaren sogenannten Pädagogen- oder Schul-Institutes zur Bildung für Schullehrer verwendet werden, überdies sollten Stipendien für Schüler eingeführt werden.

„Dieses wird ganz gewiss weit erspriesslicher, weit wirksamer, als alles, was von diesen Schriften annoch herausgekommen ist und vermuthlich noch herauskommen wird, zur Aufklärung und Bildung der Nation, so wie zu dessen Ehre und der Fremden sein."

Als die Hofkanzlei, 6. April 1789, Einwendungen gegen diese Entschliessung erhob, erklärte der Kaiser, bei seiner Ansicht zu verharren. Nur das Wiener Diarium sollte vom Stempel befreit sein, weil es einen erhöhten Pachtschilling zahlte, sonst aber sollen alle Brochuren, Blätter und Zeitungen, fremde und inländische, gestempelt werden, „da der zu machende Unterschied zwischen den guten und unnützen so viel Willkürliches mit sich führt, so das ganze Gesetz vereiteln und die Absicht, die Scriblerei zu vermindern, verfehlen machen würde."

In seiner Abneigung gegen die „Scribler" ging der Kaiser sogar so weit, dass er in einem Handbillet an den obersten Kanzler Grafen Kolowrat vom 17. October 1789 schrieb: „dass der inländische Verfasser eines hier verworfenen Manuscriptes, wenn er solches ausser Landes drucken lässt, zwar nicht mit Geld, aber körperlich zu bestrafen ist." *)

Was jedoch den Buchhandel und die Buchdruckerei betrifft, so wollte er sie nicht durch Concessionen etc. beschränken. In Folge einer Vorstellung der Buchhändler in Wien (10. Juli 1788) schrieb der Kaiser: „Ich kann nicht begreifen, wie man immer an dem Einfachen vorbeischiesst und in das Vielfache und Zwangvolle geräth, wenn es nicht der persönliche Wunsch der Geschäftsleiter ist, viele Sachen zu thun zu haben, um dadurch ihre Autorität geltend zu machen und ihre Protectionen austheilen zu können. (Diese Klage über die Sucht, Protection zu üben, kommt wiederholt in den Resolutionen Josef's vor.) Die Buchdruckerei muss frei sein, und ebenso der Buchhandel im Laden und im Hausiren. Alle eingekauften Gewerbe desselben hören auf und ist keine Zahl zu bestimmen. Wer sich Lettern, Farbe, Papier und Presse anschafft, kann drucken, wie Strümpfe stricken, und wer gedruckte Bücher sich macht oder anschafft, kann selbe verkaufen, jedoch haben alle den öffentlichen Polizei- und Censursgesetzen genauestens zu unterliegen. Die kaiserlichen Attestaten und Prüfungen der Gelehrsamkeit, so der Regierungs-Referent

---

*) In dem Josefinischen Strafgesetze kommen körperliche Züchtigungen als Strafen vor. Zu dem Strafgesetzentwurfe mit Bemerkungen von Sonnenfels fügte der Kaiser Glossen hinzu. Darunter befindet sich folgende: „ . . . Was von mir ad § 11 wegen der allemal öffentlich zu verhängenden Bestrafung mit Schlägen angeordnet worden, kann in dem Gesetzbuche keine Abänderung in irgend einer Gelegenheit leiden, wohl aber steht dem Richter zu, in Anerkennung dieser Bestrafungsart jene Betrachtungen zu machen, welche hier angeführt werden. Jedoch muss noch in diesem Artikel, um ihn klarer zu geben, beigesetzt werden, wohin diese Streiche zu geben seien, auf . . . und nie auf das Kreuz oder die Schenkel, auch allemal ausgestreckt auf einer Bank liegend."

von demjenigen, der eine Buchhandlung führen will. fordert, sind ganz absurd. Um aus der Lesung der Bücher einen wahren Nutzen zu ziehen, da braucht es viel Kopf, und würden Wenige die Prüfung aushalten, ob ihnen das Lesen wahrhaft nutzbar sei. Um aber Bücher zu verkaufen, braucht er keine mehrere Kenntnisse, als um Käse zu verkaufen. nämlich ein Jeder muss sich die Gattung von Büchern oder Käse anschaffen, die am mehrsten gesucht werden, und das Verlangen des Publicums durch Preise reizen und berücken." *)

Von den von der Censur mit Zustimmung des Kaisers verbotenen Büchern**) heben wir folgende heraus. Auf den Vertrag der Hofkanzlei vom 7. October 1781 schrieb der Kaiser:

Das Buch: „Die Freundschaft im Kloster" verdient allerdings den Verbot und „Die neuntägige Andacht zur Mutter Gottes vom guten Rath" kann zur neuen Auflage in Prag nicht zugelassen werden, weil darin erdichtete Wunder, Erscheinungen. Offenbarungen und derlei Dinge enthalten sind, die den gemeinen Mann bis zum Aberglauben führen, dem Gelehrten Ekel erwecken und endlich den Akatholischen Stoff und Anlass geben, solche Schwachheiten der katholischen Religion selbst aufzubringen. weshalb den Länderstellen, wo Censuranstalten zu treffen sind. mitzugeben ist, dass sie jene Manuscripte oder Bücher, welche offenbar und auffallend die obbesagten Gebrechen in sich fassen. vorzüglich unterdrücken oder bei allenfalls sich ergebendem Zweifel bei der hiesigen Censurs-Commission Belehrung suchen sollen. Hierdurch thut man ein wahrhaft nützliches Werk für das Ansehen und das Beste der katholischen Religion, weil witzige, schwache und zur freien Denkungsart geneigte Katholiken noch lauer werden, Gespötte treiben und Unkatholische in ihrer Abneigung gegen Religion und Kirche immer mehr zu-

---

*) Dem bekannten Buchhändler Trattner wurde verboten, neue Auflagen von Lehrtexten zu veranstalten, in welchen die Professoren nach ihrem Gutbefinden Veränderungen vornehmen, wenn diese nicht von der ganzen Studiencommission genehmigt wurden, da derartige Veränderungen „nur zur Goldschneiderei der Professoren" gemacht werden — Nachdruck, mit dem sich vornehmlich Trattner beschäftigte, war nur bei Büchern, die im Auslande, aber nicht bei jenen, die im Inlande gedruckt wurden, gestattet. (Decret 5. Jänner 1781.)

**) Im December 1789 erfolgte ein Erlass, dass „tolerirte Werke" in der Uebersetzung verboten sind. (Dieses Verbot richtete sich zunächst gegen die Werke Voltaire's.)

nehmen, da sie ohnedem meistens die Abgötterei dem *Cultus sanctorum* zur Last zu legen sich bestreben.

Ende 1787 erschien das „Taschenbuch der Heiligen" auf das Jahr 1788 mit 13 Kupfern und Musik. Rom. *) 12⁰.

Das zwölfte Kupferblatt stellte eine schwebende Gestalt mit einem Schafskopfe dar. Vermuthlich sollte das Bild einen Christus nach Herrnhuterischen Begriffen, nicht als die Vorstellung des Heilandes, sondern als Lamm Gottes darstellen; ferner kam in demselben eine Geschichte vor, die sich in einem Nonnenkloster zugetragen haben soll, die von Obscönität starrte. Die Feder sträubt sich, eine Analyse dieser schmutzigen Geschichte zu geben. Das Taschenbuch wurde daher verboten.

In Betreff der Theatercensur richtete der Kaiser schon als Mitregent am 17. März 1776 ein Handschreiben an den Grafen Chotek, welches lautete:

Ich habe für gut befunden, dem Sonnenfels die Censur bey dem deutschen Theater und zwar nicht nur in Ansehung des Inhaltes des Stückes selbst, sondern auch in Ansehung deren Aufführungsart mit folgenden Betrachtungen aufzutragen:

1. Daß derselbe bey der Censur nichts zulassen solle, was die Religion, den Staat oder die guten Sitten im mindesten beleydiget oder auch offenbaren Unsinn und Grobheit, folglich des Theaters einer Haupt- und Residenzstadt unwürdig ist.

2. Sind sothaner Censur nicht nur alle neu hergebende, sondern auch die schon vormals aufgeführten Stücke, sie seien zum Druck, oder zur bloßen Vorstellung bestimmt, ohne Ausnahme zu unterwerfen, weilen, besonders in ältern Zeiten, aus Uebersehen verschiedenes eingeschlichen, welches mit der fürs künftige ohnveränderlich festgesetzten Regul nicht bestehen kann.

3. Hat der Impresa oder wer sonsten ein Stück auf das Theater geben will, solches jederzeit wenigstens 14 Tage vor deren Druck oder Aufführung dem Censor *in duplo* zu überreichen, damit dieser es neben seinen übrigen Amtsverrichtungen mit dem behörigen Fleiß durchgehen und ein Exemplar davon zu seiner Legitimation für sich behalten, das andere aber mit dem *admittitur* hinausgeben könne.

---

*) Der Druckort Rom ist fingirt. Zu jener Zeit erschienen zahlreiche Schriften, auf welchen als Druckort Constantinopel, Philadelphia etc. angegeben war, die jedoch in Wien oder in einer anderen Stadt Oesterreichs gedruckt wurden.

4. Ist, nachdem ohnehin schon das Extemporiren verboten worden, den Schauspielern in der Vorstellung alles geflissentliche Zusetzen, Abändern oder aus dem Stegreif ohne vorgängige gleichmäßige Billigung der Censur an das Publikum stellende Anreden auf das schärfste und mit der Bedrohung zu untersagen, daß auf den ersten Uebertretungsfall ein dergleichen Akteur oder Aktrice, ohne Unterschied wer es sei, alsogleich nach geendigten Schauspiel auf 24 Stunden in Arrest gebracht, bei dem zweiten Uebertretungsfall aber der- oder dieselbe ohnnachsichtlich vom Theater abgeschaffet werden soll.

5. Wird ein Censor insonderheit auch entweder selbst oder durch Andere, für die er gut zu stehen hat, auf die Exekution der Stücke die genaueste Aufsicht tragen, damit die Sittsamkeit eben so wenig durch Geberden oder Gebrauchung unanständiger in deren zu Censur gegebenen Aufsatz nicht bemerkter sogenannter Requisiten oder Attributen verletzt werde, als worauf die nämliche Strafe wie auf das Extemporiren gesetzt ist.

6. Sind fürohin auch die Anschlagzettel zu censuriren.

7. Wird der Censor alle bemerkenden Uebertretungen dem Spork anzeigen, damit sofort in Folge gegenwärtiger neuen Anordnung tätige Abhilfe und Ahndung verfügt werden könne. Alles dies ist seinem wörtlichen Inhalte nach sowohl dem Sonnenfels durch ein Hofdekret als vornehmlich durch die Nö. Rgg. der Theatral-Impresa zu genauester Nachachtung und weiterer Anweisung des gesammten Theatral-Personales zu intimiren, auch sothane Intimation um so mehr gantz ohnverzüglich zu erlassen, als in 4 Wochen das Theater wiederum eröffnet wird, folglich die vorzustellenden Stücke von nun an in die Censur gegeben werden müssen. Uebrigens hat der Sonnenfels bei etwa sich ergebenden wichtigeren, eine Berichterstattung erfordernden Vorfallenheiten sich an die Kanzlei zu wenden, die Mir seine Berichte vorlegen wird."

Dass der Kaiser die Hoheitsrechte des Staates aller Orten, auch in den kleinsten und unbedeutendsten Fällen, wahrte, ist selbstverständlich und bekannt. Wir wollen diesbezüglich weitere Belege bringen.

Ein Gefangener im Zuchthause zu Linz, Namens Vitzinger, war verdächtig, das Zuchthaus in Brand gesteckt und während der Feuersbrunst die Flucht ergriffen zu haben. Er hielt sich dann bei den Capucinern in Freistadt in Oberösterreich auf, von welchen er weiter befördert wurde. Der über diesen Fall vernommene Guardian des Klosters erklärte, dass er den Aufenthaltsort des Verdächtigen wol wisse; er dürfe denselben jedoch nicht verraten, wenn ihm der Ordinarius nicht die Erlaubnis hierzu ertheile.

Die Hofkanzlei schlug hierauf vor (7. Jänner 1783), den Capucinern zu Freistadt jede Gattung von Sammlung zu verbieten, doch der Kaiser resolvirte:

„Wer einen Delinquenten verhehlt und dessen geständig ist, sagt so viel, dass er aus christlicher Liebe oder einer anderen Absicht wegen sich an seine Stelle setzt. Es wäre also unbillig, dass die Sammlung des Capucinerordens eingestellt, oder das Freistädter Kloster wegen des Guardians Verbrechen aufgehoben würde. Es wäre aber auch für die *justitiam vindicativam* ebenso nachtheilig, wenn der Guardian nicht an die Stelle des von ihm verhehlten Mordbrenners, der aus dem Zuchthause entlaufen ist, in das nämliche Zuchthaus gebracht würde; er ist also zu arretiren, von dem Passauer Consistorio zu entweihen und nachher auf seinen (des Verbrechers) Platz zu verschaffen. Dieses wird mehr Eindruck machen, als alles übrige und die Anzeige des entflohenen Delinquenten bald veranlassen, nachher wird aber eine weitere Bestrafung desselben ganz billig sein."*)

In Prag war es Sitte, dass am Tage des h. Wenzel, 28. September, eine Procession zur Wenzelskirche stattfand und ein Criminalarrestant begnadigt und entlassen wurde. Diese Kirche wurde dann, wie so viele andere 1783 entweiht, profanen Zwecken übergeben. Nichtsdestoweniger wurde am 28. September 1783 ein Criminalarrestant begnadigt und entlassen. Es fragte sich daher, ob dieser Gebrauch weiter zu bestehen habe.

Die oberste Justizstelle meinte, 28. Mai 1784, das Wunderwerk sei sattsam bekannt und es sei nur die Frage, wann es geschehen sei: ob 932, 935, 936, 938 oder 939. Diese Gewohnheit könnte beibehalten werden, da dieselbe ob *laetitiam publicam* immer fast ohne Abbruch der peinlichen Gesetze bestanden. Diese

---

) Am 26. September 1787 erging an das Tiroler Gubernium ein Decret, sich durch die Protestationen des Constanzer Bischofs in der Untersuchung und Aburtheilung eines wegen eines Criminalverbrechens gefangenen Geistlichen nicht irre machen zu lassen, sondern dem Herrn Bischof zu bedeuten, dass dieser Geistliche als Bürger behandelt wird und dieser Gegenstand nicht mit der Religion verbunden ist.

Arrestantenentlassung wurde auf solche Delinquenten beschränkt, die entweder *de summo rigore juris* eine Todesstrafe verwirkt haben, oder gar nur mit einer Leibesstrafe belegt wurden, in der Strafzeit aber eine wahre Reue gezeigt und überdies auch schon die meiste Zeit ihrer Bestrafung vollendet haben.

Der Referent der geistlichen Hofcommission, der Abt von Braunau, meinte jedoch, das vorgebliche Wunderwerk sei nie sattsam in der Geschichte Böhmens erwiesen worden; blos in einer Legende wird darüber berichtet, die Mutter des h. Wenzel, Drahomira, soll nämlich von der sich plötzlich öffnenden Erde, *Deo vindice*, verschlungen worden sein.

Gesetzt aber, das Factum wäre richtig, so sehe man doch vom Standpunkte der Religion nicht ein, warum es nicht genügen sollte, dieses Factum, wenn es wahr ist, durch eine Predigt am St. Wenzelstage zu feiern.

Die geistliche Hofcommission schloss sich, 17. Juni 1784 den Ansichten des Referenten an und der Kaiser resolvirte:

„Da diese Kirche aufgehoben und sofort auch diese Procession ihre Endschaft erreicht hat, so hat es auch von der gewöhnlichen jährlichen Entlassung eines Criminalarrestanten gänzlich abzukommen und ist nur zu bedauern, dass dieser Unsinn durch so lange Zeit gedauert hat."

Wie wir an einem anderen Orte*) berichtet haben, trug sich der Kaiser mit dem Gedanken, auf den Titel „römisch-deutscher Kaiser" zu verzichten und den Titel „Kaiser von Oesterreich" anzunehmen. Damit im Zusammenhange stand folgendes Moment: Die österreichischen Schiffe trugen bis zum Jahre 1786 die deutsche Flagge. Der Kaiser wollte auch auf diesem Gebiete den österreichischen Staatsgedanken zum Durchbruche bringen. Er richtete daher am 20. Februar 1786 ein Handbillet an den Grafen Kolowrat, in welchem er befahl, dass österreichische Handels- und andere Schiffe nicht mehr die kaiserliche (d. h. die deutsche), sondern die österreichische Flagge, weiss und roth und darüber die ungarische Krone führen sollen.

Man weiss es, dass der Kaiser Oesterreich und Ungarn zu einem einheitlichen Staat gestalten wollte, was ihm jedoch nicht gelang: aber auch in Oesterreich selbst, oder wie man heute sagt, in Cisleithanien, wollte er diesbezüglich durchgreifende

---

*) Oesterreich und Preussen 1780—1790. S. 155.

Veränderungen vornehmen, unter anderem Nieder- und Oberösterreich zu einem Kronlande verbinden, da er meinte, dass die politischen Geschäfte dann besser und rascher besorgt werden könnten.*)

Der obderennsische Landeshauptmann Graf v. Thürheim sprach sich dagegen aus. Diesem schloss sich auch die Kanzlei (Staatsminister Reischach) in einem Vortrage vom 1. October 1782 aus. Hierauf rescribirte Josef:

„Wenn Ich dieses, vom Referenten zusammengestellte Gewäsche**) gründlich und überzeugend widerlegen wollte, so schickte ich ihm mit einer Postkalesche nach Oberösterreich, damit er die Localkenntnis über die wichtigen Theile, die von Passau erkauft und von Salzburg strittig sind, zur notwendigen Bestehung einer Landesregierung einholen könnte. Hierauf lehret mich die Kanzlei, was ich durch alle meine Reisen, und die dabei gegebene Mühe nicht erlangen konnte, nämlich dass Mähren wirklich in Schlesien enclavirt sei. Um aber kürzer zu Werke zu gehen, so ist dem Grafen Thürheim zu bedeuten, dass Ich gesinnt wäre, die obderennsische Landeshauptmannschaft mit hiesiger Regierung zu vereinigen, wenn er mir nicht einen Vorschlag vorlegt, durch welchen mittelst drei Judicialreferenten, drei politischen und zwei Verordneten die gesammte Verwaltung der Geschäfte allda könnte bestritten werden, wodurch beides Gute, nämlich die Simplificirung und die Verwaltung im Lande selbst vielleicht erzielt werden könnte."

Wie man weiss, ist aus diesem Projecte nichts geworden. Aehnlich gieng es dem Kaiser in folgendem Falle:

Adolf Beer veröffentlichte jüngst („Neue Freie Presse" vom 9. October 1889) einen interessanten Artikel: „Zur Geschichte der österreichischen Canäle" und gedenkt der Projecte der Schiffbarmachung der March und der Elbe unter Kaiser Josef. Man beschäftigte sich auch mit dem Project, den Wiener Canal zur Schifffahrt tauglich zu erhalten. Hubert, der das Fach von

---

) Am 5. August 1786 befahl der Kaiser, dass die Bukowina mit Galizien vereinigt werde, was aber ebenfalls auf die Dauer nicht durchgeführt werden konnte.

) Der Kaiser bediente sich nicht selten den Behörden und den einzelnen Beamten gegenüber starker Kraftausdrücke. Als Entschuldigung mag dienen, dass Friedrich der Grosse manchmal noch härtere Kraftausdrücke gebrauchte.

Wasserbauten zu vertreten hatte, machte den Vorschlag, einen sogenannten Sporn zu erbauen. Auf den diesbezüglichen Vortrag vom 10. November 1783 bemerkte der Kaiser:

„Ein grosser Unterschied ist, das Eindrängen der Donau gegen das Marchfeld durch einen Stein- und Erddamm, wie Hubert mit vielen Kosten und guter Wirkung errichtet hat, zu verhindern, und dem jetzigen Vorschlag, den Wiener Canal zur Schifffahrt tauglich zu erhalten. Von jenem auf diesen den Schluss machen, ist ein Kanzleistubenargument von Leuten, die theils nichts gesehen haben, theils nichts anschauen gehen, um sich zu überzeugen und zu belehren. — Wo in der Nähe Brücken, wo Anlanden der Schiffe, den Hauptgegenstand machen, wo die Fahrt enge und wenig Wasser ist, sind die Hubert'schen Sporen nicht allein nicht gedeihlich, sondern höchst schädlich. Es kann von diesen Vorschlag auf keine Art im Wiener Canal ein Gebrauch gemacht werden, weil Steine die Todfeinde von geladenen Schiffen und von zu schlagenden Flachbrücken sind, wobei sie durch hohes Wasser oder Einbrechen auf ihren Plätzen getrieben werden. Um sich von der Wahrheit dessen zu überzeugen, muss man *ad locum* gehen und vom Kahlenbergerdörfel an den ganzen Lauf der Donau wol betrachten, um sich zu überzeugen von den Schädlichkeiten, die zu vermeiden, und von den Mitteln, die dagegen zu treffen sind, nebstdem muss man mit den Schiffleuten, die beständig auf der Donau sind, reden und sich erkundigen, Schiffe selbst mit Augen auf- und abwärts fahren sehen, um zu beurtheilen, wie der Strom geht, und wie die Leute arbeiten müssen, wie ich gethan habe, weil sonst nur aus Vorliebe für den Verfasser der Vorschläge, oder auf eine eingebildete, an sich geringe Kenntnis wichtiger Sachen entschlossen und 100.000 fl. weise das Geld wie jetzo geschehen, unnutz verworfen wird.

Die Pläne sollen daher der General-Baudirection zur Prüfung übergeben werden."

Wie man jedoch weiss, wurde der Sporn dann doch errichtet.

Josef wollte einen tüchtigen Beamtenstand heranbilden*) und glaubte dieses Ziel zu erlangen, wenn alljährlich Conduiten-

---

*) Die Hofkanzlei befürwortete, 9. Februar 1782, den Hofsecretär Franz Rudolf Grossnig wegen seiner schändlichen, ärgerlichen Aufführung zu entlassen. Hiezu bemerkte der Kaiser eigenhändig: „placet und muss allen ehrlich Denkenden zur Freude dienen, wenn sie sehen, dass ich auf die redliche und reine Besetzung deren Departements wache".

listen verfasst würden, „da sie für den Dienst von wesentlichem
Nutzen sein können; die Vorgesetzten werden stufenweise die
genauere Kenntnis von dem untergeordneten Personale erhalten" etc.

In diesem Sinne richtete er ein Handschreiben an die Hofkammer. 28. December 1780. Beim Hofkriegsrat, wo Conduitenlisten bestanden, enthielten sie folgende Rubriken:

1. Vor- und Zuname. 2. Charge oder Charakter. 3. Alter.
4. Dienstjahre. 5. Dienstzeit der jetzigen Charge. 6. ob verheiratet,
mit oder ohne Kinder, 7. ob er eigene Mittel habe. 8. ob fleissig,
minderen oder schlechten Eifer in seiner Charge habe, 9. ob
studirt und was für Sprachen er besitze, 10. ob er Kenntnis von
mehreren Ländern und von welchen habe. 11. wozu er die meiste
Geschicklichkeit habe, zum Politico, Oeconomie etc., 12. ob er
frommen und christlichen Lebenswandel habe, 13. ob er gegen
die Oberen Respect bezeige, 14. ob er im Umgange bescheiden
oder in seinem Amte verdriesslich sei, ob er dem Spiele, Trunke
etc. ergeben sei.

In Betreff der Lehrer an Gymnasien und Professoren an
den Universitäten*) erging ein Decret an alle Länderstellen, mit
Ausnahme von Mähren, am 31. August 1786, nach welchen die
Directoren, Vicedirectoren und Präfecten aufmerksam gemacht
wurden, folgende Momente zu beachten.

Die Nachrichten sollen:

1. Unparteiisch klar mit Rücksicht auf das Beste der Schule
abgefasst sein, es soll daher kein Mangel und Gebrechen ver-
schwiegen sondern gute und üble Eigenschaften wahrheitsgemäss
angezeigt werden. 2. Die Beisätze: *Callet linguam germanicam,
latinam, gallicam, Bohemicam* etc. haben wegzubleiben. Die Kenntnis der deutschen und lateinischen Sprache, und zwar in einem

---

*) Josef hat wiederholt bezüglich der Lehrer den Befehl ertheilt, die
tüchtigsten und besten zu nehmen ohne Berücksichtigung ihrer Confession
oder ihres Vaterlandes. Thatsächlich erfolgten auch Berufungen aus dem Auslande. Unter anderem wurde auch der Professor der Philosophie August Gottlieb
Meissner (Vater des Dichters Alfred Meissner) von Dresden nach Prag, 1785,
berufen. Dieser hat seine Bücher, Zeichnungen, Wäsche, Kleider etc. zollfrei
einführen zu dürfen. Der Kaiser aber lehnte dieses Gesuch ab: „Er soll die
Maut wie jeder andere zahlen, und was man alsdann an Betrag desselben
ihm wird zugute kommen lassen wollen, kann ihm an Geld zurückerstattet
werden. Es sind also in Anschauung seiner die allgemeinen Vorschriften zu
beobachten und seine Bücher der Censur zu unterwerfen."

mehr als gemeinen Grade wird vorausgesetzt, in letzteren Sprachen aber wird nichts gelehrt, sie sind daher gleichgiltig, hingegen ist die Kenntniss der griechischen Sprache desto genauer zu bestimmen. Die Ausdrücke *Gnarus pro usu scholastico, gnarus scientiarum ad humaniora pertinentium, diligentia ad quam vi officii tenetur indefessa* etc. sind bestimmter zu geben: statt *morum probitas et morum civilitas* ist blos zu setzen *mores*, und eine Rubrik *profectus et mores scholae* einzuschalten. Bei jedem Lehrer soll angemerkt werden, welchen Fortgang die Schule überhaupt zeige und ob gute Sitten, welche die Munterkeit der Jugend nicht ausschliessen, oder Ausgelassenheit darin herrsche.

Diese Notizen sollen mit der wahren Absicht im rechten Geiste verfasst und zur richtigen Uebersicht „zum Besten der Gymnasien und Universitäten abgefasst werden".

Doch bewährten sich diese Conduitenlisten nicht. Sie waren weniger ein Mittel, die untergeordneten Beamten gerecht zu beurtheilen, als vielmehr Anlass, Gehässigkeiten und persönlichen Abneigungen Luft zu machen. Einen Erfolg erzielte man nicht durch die Listen, man setzte die Untergeordneten blos unter eine herabwürdigende Controle, welche besonders für ältere treue Diener nicht ehrend sein konnte.

Diese Conduitenlisten wurden bald nach dem Tode Josefs, vom Kaiser Leopold, 29. Juli 1790, aufgehoben.

II.

(Der Nexus mit ausländischen Ordensgeneralen. — Die neue Diöcesaneintheilung. — Die Bisthümer in Tarnow, Linz und in der Bukowina. — Neue Pfarreintheilung. — Religions- und Schulfond.)

Das Urtheil über Kaiser Josef II. ist bis auf den heutigen Tag noch nicht abgeschlossen. Am heftigsten stehen sich Verehrer und Gegner des heimgegangenen Kaisers da gegenüber, wo es sich um kirchliche Reformen handelt, und der Kampf ist auf diesem Gebiete am heftigsten, weil der weitaus grösste Theil der Reformen, die Josef da einführte, in Geltung geblieben sind.

Da und dort beginnt man in der letzten Zeit allerdings die Sachen etwas objectiver zu betrachten. Die Verehrer des Kaisers geben zu, dass derselbe öfters nicht blos wie es in dem Schreiben Kaunitz' vom 12. December 1781 an den päpstlichen Nuntius heisst, über die „Aeusserlichkeiten des religiösen Lebens urtheilt" und sich auf diesem Gebiete das Recht der Gesetzgebung vorbehielt, sondern dass er auch Fragen, die das innere Leben der Kirche betrafen, endgiltig entscheiden wollte. Man wird es daher nicht billigen, dass der Kaiser, der nicht zugab, dass der katholische Gottesdienst ganz in der Muttersprache abgehalten werde, den Gottesdienst selbst aber auf eigene Faust regeln wollte, wenn er auch dabei von den reinsten Absichten geleitet wurde: da er eine anständige Gleichförmigkeit herstellen und nichts der blossen Willkür der Seelsorger und der Gemeinden überlassen wollte. Zugleich suchte er den Unterricht in der Christenlehre zu fördern. Die Gegner des Kaisers werden jedoch zugestehen, dass die neue Eintheilung der Diöcesen, sowie der Pfarreien eine dringende Nothwendigkeit war, und dass es nicht angemessen war, wenn ein Bischof zwei Bisthümer verwaltete, wie das beim Cardinal Migazzi der Fall war, der Erzbischof von Wien und Bischof von Waizen war, oder dass Sprengel in Oesterreich unter auswärtigen Diöcesen standen, wo es abgesehen von anderen Nachtheilen bei den damaligen Communicationsverhältnissen tagelanger Reisen bedurfte, um zu dem Bischof zu gelangen. Zu grossem Unfuge führte oft der Verband von Orden mit auswärtigen Generälen, durch welche geradezu ein Staat im Staate gebildet wurde u. s. w. Vollends mit den Thatsachen in Widerspruch ist die Ansicht, als wenn Josef nicht eben ein so treuer Sohn der katholischen Kirche war, wie seine grosse Mutter, die Kaiserin Maria Theresia, eine glaubenstreue Tochter der Kirche war.

Gegen die Aufhebung des nexus mit ausländischen Ordensgeneralen erhoben sich allerdings bedeutende Stimmen, unter andern die des Erzbischofes von Wien, Cardinal Migazzi. Er meinte, es würde durch die geplante Aufhebung die Klosterzucht und Disciplin wie die Gleichförmigkeit und die *observantia monastica* leiden, und da die Religiosen ihrem Generale den Eid des Gehorsams leisteten, so würde man sie der Gewissenspein aussetzen. Die Hofkanzlei hielt jedoch diese Bedenken für Scheingründe. Sie erklärte in ihrem Vortrage vom 25. September 1781: die

Wesenheit der Disciplin liege in den Ordensstatuten und nicht in der Willkür der Generale, von deren Einführung und Existenz im 12. Jahrhundert nach Zeugnis der Kirchengeschichte eben der Verfall der Klosterzucht herrührt. Die Gleichförmigkeit von der gesprochen wird, sei von keiner Bedeutung, da sie bei keinem Orden, wie das jedem Sachkundigen bekannt ist, anzutreffen sei. Es kann auch weder der Religion noch der Kirche oder dem Staate etwas daran gelegen sein, ob in einigen Klöstern oder Provinzen z. B. das Chorbeten, Singen und die Betrachtungen, die Fasten, die Kleidungen, die Eintheilung der Stunden anders als in den übrigen beobachtet werden.*) Was die beschworene Obedienz betrifft, so kann sie nur als *qua tum existenti superiori* geschaffen sein. Wenn dieser aber durch landesfürstliche Gesetze als Fremdling von der Ausübung seiner Gewalt beseitigt wird, so hört er auf Superior zu sein und kein Jurament kann die Rechte eines dritten, viel weniger die *juris rex* beeinträchtigen.**)

Weitere Auseinandersetzungen bedurfte die neue Diöcesaneintheilung. In Folge Vortrags der Hofkanzlei vom 7. Mai 1782 resolvirte der Kaiser: „Die Ausschliessung aller fremden Diöcesanen bleibt ein bestimmter Generalsatz. Nach dem Tode des Cardinals von Passau (in dessen Diöcese ein grosser Theil von Ober- und Niederösterreich fiel) wird ein Bisthum in Oberöster-

---

*) Mittelst Circulares vom 14. August 1784 wurde sämmtlichen Ordensobrigkeiten aufgetragen, jene Stellen und Ausdrücke, welche in ihrer Ordensregel oder Constitution etwas enthalten, das jetzigen oder künftigen landesfürstlichen Verordnungen zuwiderläuft, auszulöschen oder zu „verpicken" und dürfen sie am allerwenigsten vorgelesen werden.

**) Ueber den Werth dieses nexus äusserte sich später die Hofkanzlei 18. October 1827, indem sie die Mittel zur Herstellung guter Disciplin in den Kirchen und Klöstern erörterte. Sie sagte: „Der nexus mit ausländischen Ordensgeneralen bestand in Oesterreich bis 1781. Bis dahin war wol der äussere Schnitt der Klöster ziemlich gleichförmig und regulär. Allein wer behaupten wollte, dass in der Periode vor 1781 der Geist, die Sittlichkeit, das innere religiöse Leben in allen Stiften und Klöstern gut war, der wird etwas behaupten, wovon ihm die Geschichte jener Periode gar oft das Gegentheil lehren wird. . . . Der grosse ausgebreitete, für die Religion, die Wissenschaften, die Landescultur, sehr wichtige und im Ganzen auch reiche Orden der Benedictiner hatte nach der Erklärung des Erzbischofs von Wien nie einen General. Nichtsdestoweniger hat dieser Orden in der Disciplin viele übertroffen und stand gegen keinen anderen Orden zurück."

reich errichtet und das erübrigende dem Erzbisthum von Wien in Niederösterreich zugetheilt." Am 9. März 1781 hatte sich bereits der Kaiser in einem Handschreiben an den obersten Kanzler, Grafen Blümegen, über diese Frage folgendermassen ausgesprochen: „Da ich näher überdacht habe, dasjenige, was wegen zukünftiger Eintheilung und neuer Einrichtung von Bisthümern vortheilhaft sein könnte, so ist Mir folgendes beigefallen, nämlich es ist ganz sicher, dass es nicht auf die grosse Anzahl der Bisthümer, sondern auf die hinlängliche Anzahl guter Pfarren ankommt und dass die Bischöfe ihre Diöcesen nur dergestalt vertheilt haben müssen, dass sie diese übersehen können." *) Ferner hielt der Kaiser fest daran, dass bei der Diöcesantrennung aller Schein vermieden werde, als hätte man mit den betreffenden fremden Bischöfen *qua* auswärtigen Reichsfürsten und Ständen etwas zu thun, sondern dass man die neue Diöcesaneintheilung als das, was sie wirklich ist, nämlich als ein blosses innerliches *Domesticum* zu behandeln habe (Resolution vom 23. Juni 1784). Der Kaiser legte überdies auf zwei Momente Gewicht. Er behielt sich das *jus nominandi* vor und erklärte alles geistliche Vermögen in Oesterreich als geistliche Fonds. Sonst sei wenig daran gelegen, ob der von mir benannte Bischof in Tarnow und so auch in Linz oder sonst wo *Vicarius apostolicus* oder *ex imperio* heisst, wenn er alle bischöflichen Functionen verrichten kann, das Geld im Lande bleibt und die auswärtigen Bischöfe keinen weitern Einfluss beibehalten."

) Wie bereits bemerkt und wie aus obigem Satze hervorgeht, legte der Kaiser einen grossen Wert auf die rechte Vertheilung der Pfarreien, damit das Volk in der Lage sei, seine religiösen Bedürfnisse zu befriedigen. Von Seite der Bischöfe wurden jedoch diesbezüglich Schwierigkeiten gemacht und wurde verlangt, die päpstliche Einwilligung zu holen. Doch dagegen war die Hofkanzlei und die geistliche Hofcommission. Sie bemerkte 2. December 1782: „Wenn man bedenkt, dass die Zutheilung des weltlichen *territorii*, dann der darin wohnenden Menschen ein unstreitiges *temporale* sei, wenn man täglich neue Familien in die Kirchensprengel kommen sieht, die dort bleiben und somit des Bischofs neue Kirchenkinder werden, ohne dass es ihm einfalle, deshalb von Rom eine Zutheilung der bischöflichen *Jurisdiction* über dieselbe zu begehren, die er doch vor ihrer Ankunft über sie nicht gehabt hat; wenn man endlich weiss, dass die ältesten Kaiser die Kirchensprengel ausgewiesen und ohne den mindesten päpstlichen Einfluss den Bischöfen übergeben, die sofort das ihnen von Gott verliehene Amt darüber gehandelt haben, so ist freilich wol die römische Bestätigung eine eben so unnöthige als überflüssige Sache."

Wie die Passauer Diöcese in Oesterreich Sprengel hatte, so gehörten zur Krakauer Diöcese Gebiete in Galizien, die unter österreichischer Herrschaft standen.

Im Jahre 1777 beschloss die Kaiserin Maria Theresia in Tarnow ein Bisthum zu errichten und wurde dem Bischof Soltyk zu Krakau der Genuss der Güter in Galizien zugesichert. Dieser Bischof war ein Gegner des Königs Stanislaus Poniatovsky, überdies lebte er mit seinem Capitel in grossen Misshelligkeiten. Als er am 23. Februar 1782 des Morgens 10 Uhr in die Kirche fahren wollte, wurde er auf der Krakauer Brücke angehalten und arretirt. Ohne diesbezüglich irgend eine Mittheilung nach Wien gelangen zu lassen, wurde der Bischof für wahnsinnig und zur ferneren Verwaltung seines Bisthums als unfähig erklärt. Es wurden hierauf dessen Güter in Oesterreich eingezogen und neuerdings wurde in Rom wegen der Errichtung des Bisthums Tarnow eingeschritten.

Die Sache ging jedoch nicht so rasch von statten wie gewünscht wurde. Der Kaiser erklärte hierauf in Folge eines Vortrages vom 16. November 1782: „Die Veranlassung der Seperation dieser Diöcesen von allen fremden ist nicht ein öconomisches oder cameralistisches Geschäft, wo man auf numerären Gewinn sieht, um es entweder zu veranstalten oder zu unterlassen: wichtigere Betrachtungen sind es, die ohne weitere Untersuchung die Vorgehung nothwendig, nützlich und räthlich machen. Ich bin also entschlossen, alle weiteren Negociationen fallen zu lassen und was innerhalb Galiziens von fremden Diöcesen und Capiteln in Nutzniessungen liegt, einzuziehen. Und in dieser Gemässheit wird die Kanzlei das Gubernium zu belehren haben. es mag alsdann der König mit dem jenseits (in Polen) einem diesseitigen Bischof oder Capitel gehörigen geistlichen Vermögen thun, was er will."*)

---

*) Während der Kaiser bemüht war, die inländischen Diöcesen von auswärtigen Bischöfen zu trennen und umgekehrt, hat er in einem bestimmten Falle die Intervention des Erzbischofs von Wien, Cardinals Migazzi, im Auslande verlangt. Die Trinitarier zu Pera, die bei der österreichischen Gesandtschaft waren, erbaten sich nämlich von demselben die Erlaubnis, während der Fasten 1783 Fleisch essen zu dürfen. Der Cardinal lehnte dieses Ansinnen ab, weil sich seine geistliche Gerichtsbarkeit nicht ausserhalb seines Kirchensprengels erstrecke. Der Kaiser jedoch meinte, dass vermöge des allgemeinen Völkerrechtes, welchem die Kirchendisciplin keinen Abbruch thun

Was Passau betrifft, so resolvirte der Kaiser, 12. März 1783, falls der Bischof von Passau stirbt, so sei dem Passauischen Officiale sofort zu erklären, dass Oberösterreich sammt dem Inngebiete von der Passauer Diöcese getrennt werde und demnächst einen eigenen Bischof bekäme.

Diese beiden Fragen beherrschten noch längere Zeit die Tagesordnung. Die Hofkanzlei meinte, man sollte mit der Regelung der Diöcesen überhaupt abwarten, bis man sich in Rom über dieselbe entschieden haben wird, da diese Angelegenheit auch im Auslande viel Lärm mache. Der Kaiser theilte jedoch diese Ansicht nicht. Er meinte, wenn eine Sache schon Aufsehen oder Missvergnügen erweckt, da sei es „just" an der Zeit, mit einer neuen solchen Handlung aufzutreten, weil beide „in einem Aufwaschen gehen". Es stehen auch die neuen Arrangements mit der genannten in keiner so engen Verbindung, dass sie einander kreuzen, wenn sie gleichzeitig in's Leben treten und komme nur der Hauptgrundsatz, der als maassgebend gilt, zum Durchbruche.

Da der Fürstbischof von Passau auf kein gütliches Einvernehmen behufs der Trennung seiner Diöcese und der Dotirung des neuen Bisthums zu Linz eingehen wollte, so befahl der

---

kann, das sämmtliche Gesandtschaftspersonale so geachtet werde, als wenn es sich in dem Lande seines Landesfürsten befände, da die Gesandtschaft zwar nicht in *territorio* aber auch nicht in *territorio alieno* sei. Nach diesem Grundsatze sollen sich auch die übrigen *Legations-Capläne* in katholischen Ländern, die sofern sie nicht wirkliche Missionäre sind, verhalten. Der Cardinal wendete sich hierauf an den Papst mit der Bitte, ihm diese Erlaubnis zu ertheilen, die ihm jedoch verweigert wurde. Nun erklärte der Kaiser (rescribirter Vortrag vom 18. Juni 1784): Es ist vollkommen gleichgiltig, wer dem Gesandtschaftscaplan die Jurisdiction gibt, ein *Vicarius apostolicus* existirt wirklich in Constantinopel, der *jura episcopalia exercirt*. Es ist also die Erlaubnis von ihm zu begehren, und so hört auf einmal die ganze Sache auf.

Wir fügen hier einen andern ähnlichen Fall bei, welchen jedoch der Kaiser entschied. Während der Fasten 1789 baten die acht Cooperatoren bei der Pfarre zu St. Josef in der Leopoldstadt, in Wien, die dem Carmeliterorden angehörten, da sie die Seelsorge versehen, von dem über ein halbes Jahr dauernden Ordensfasten und von dem immerwährenden Genuss der Fastenspeisen dispensirt zu werden. Der Cardinal wollte dieses Recht der Dispens dem Obern gewahrt wissen. Der Kaiser erklärte hierauf, es sei ein grosser Unterschied, ob die Carmeliter vereinzelt auf dem Lande oder in einem Kloster in Communität leben, wo sie mit Fischen leicht versehen werden können, und dem Kloster das Fleisch und Fisch zugleich kochen sehr lästig sein würde.

Kaiser, die bisher nur in Beschlag genommenen Einkünfte sowol an Capitalien, Realitäten und Zehenten jährlich in Verwendung zu bringen u. zw. zunächst für den Bau des allgemeinen Seminars*) und für die Beköstigung in demselben. Cardinal Firmian, Fürstbischof von Passau, segnete das Zeitliche am 13. März 1783.

Die Hofkanzlei schlug hierauf vor (12. Mai 1783) mit aller Mässigung vorzugehen und falls der Papst nicht einen Bischof zu Tarnow consecrire und die Trennung der Passauer Diöcese anerkenne, eine Provinzialsynode zu berufen, welche nach alter Sitte dieses Werk vollbringen werde.

Der Kaiser war damit einverstanden, dass mit aller Mässigung vorgegangen werde. Was die Tarnower Diöcese betrifft, so könne man dem Coadjutor zu Krakau Mittheilung davon machen „und solches bei dem Papste als ein Merkmal Meiner gegen ihn tragenden Verehrung geltend gemacht werden." Was aber Passau betrifft, so sei abzuwarten, wie sich der neuerwählte Bischof anlassen werde und ob man auf seine gutwillige Einwilligung zur Trennung der Diöcese hoffen könne. Sollte es aber seiner Zeit zur Ergreifung stärkerer Mittel ankommen, so muss nicht nur allein Graf Ilrzan**) in diesem Falle zur Führung der angerathenen nachdrücklichen Sprache angewiesen, sondern auch von Seite der geistlichen Commission im voraus sicher gestellt werden, dass bei der zu diesem Zwecke abzuhaltenden Provinzialsynode der vorsitzende Erzbischof und wenigstens ein paar Bischöfe von solcher Gesinnung sind, dass durch ihre Mitwirkung die vorhabende Absicht sicher erzielt werde.

Es kam übrigens nicht zu diesem Schritte. Der österreichische Geschäftsträger in Warschau, v. Caché, berichtete 5. November 1785, dass der polnische Fürst-Primas als Administrator des Krakauer Bisthums die schriftliche Erklärung abgegeben habe, welche die bei dem Krakauer Capitel anwesenden 14 Capitularen unterzeichneten, dass die Tarnower Diöcese gänzlich getrennt werden soll. Oesterreich schloss hierauf mit der Republik einen Vertrag, nach welchem alle in Polen gelegenen, der galizischen Geistlichkeit gehörigen Güter und Capitalien der diesseitigen Geistlichkeit verbleiben, dagegen das in Galizien

*) Ueber die Generalseminare vgl. den diesbezüglichen Artikel von G. Wolf in Raumer-Riehls, historisches Taschenbuch 1877, 5. Folge, 7. Jahrg.
**) Cardinal, Oesterreichischer Gesandter in Rom.

befindliche polnische Vermögen dem österreichischen Religionsfonde zufalle. Zur gänzlichen Ausgleichung wurde dem Krakauer Bisthum 100.000 fl. gezahlt.

Auch die Angelegenheit in Passau kam zum definitiven Abschluss und es wurde das Bisthum zu Linz errichtet. Der erste Bischof daselbst, Graf Herberstein *) war bis dahin Passauischer Official. Die Wahl fiel auf ihn, um dem passanischen Capitel den Vorgang weniger empfindlich zu machen.

Im Jahre 1775 trat die Pforte die Bukowina an Oesterreich ab. Im Laufe der Zeit siedelten sich immer mehr Katholiken daselbst an, welche unter dem Bischof von St. Pölten als *Episcopus castrensis* standen. Man denke, was es sagen wollte, zu jener Zeit, wo die Verkehrsmittel so primitiv waren, wenn der

---

*) Bei der Errichtung dieses Bisthums wurden 12 Bullen und 9 Breven ausgefertigt und waren an die Curie 4006 fl. 18 kr. zu zahlen. Hierzu bemerkte die Hofkanzlei ... „und ist nur bedauerlich, dass man, um aus der Sache zu kommen, sich auch noch den alten römischen Missbräuchen fügen und so vieles blos der Taxen wegen auf eine so auffallende Anzahl hinaufgetriebener Bullen und Breven bezahlen muss, worunter sich manche, besonders das Breve wegen der zu privilegirenden Altäre befindet, das gar nicht angenommen werden durfte." Im Entwurfe der Errichtungsbulle § 10 hiess es nämlich: *placuit eidem Sanctitati suae ex sua benignitate atque ex indulta apostolica reservare S. caesareae et apost. Maj. suae jus nominandi etc.* Kaunitz hielt diesen Passus in einer Depesche an Herzan vom 13. December 1784, als ganz unleidentlich und eine hiernach ausgefertigte Bulle sei nicht anzunehmen, denn das jus patronatus über neuerrichtete und gestiftete Kirchen könne gewiss nicht von päpstlicher Gnade und Verleihung abhängen. Schicklicher wäre es gewesen, wenn im bemerkten Paragraph der Papst sich vorbehalten hätte, die jenseitigen neu ernannten Bischöfe zu confirmiren. Kaunitz fügte bei: „Man sieht hieraus, wie wenig wir noch gegen Rom, so lange man ihm die Ausübung der über die übrigen Kirchen in den frühesten Zeiten usurpirten Rechte noch lässt, gewonnen haben und wie schwer die von den römischen Curialisten von Alters angenommene Sprache auf einen anständigen Ton herabzustimmen sei." — Als es sich um die Festlichkeiten beim Einzuge des Bischofs Herberstein in Linz handelte, wurde angeordnet, 8. Mai 1785, dass derselbe nicht unter einem Zelte geführt und ein Pferd besteigen darf, wie das zu jener Zeit bei derartigen Feierlichkeiten stattzufinden pflegte. Als im Jahre 1788 das Bisthum in Gradiska errichtet wurde, hiess es statt *ad humiles preces: ex insinuatione clarissimi in Christo filii nostri.* Die Taxen betrugen 1383 *scudi romani* 30 *Bajocchi*. Als es sich fragte, wer diese Taxen bezahlen soll, resolvirte der Kaiser: (Vortrag 28. Mai 1788) .... Uebrigens ist als allgemeine Regel festzusetzen, dass für die Errichtungsbullen neuer Erz- und Bisthümer die Kosten aus dem Religionsfonde zu bestreiten, dahingegen für die Bestellungsbullen nachfolgender Bischöfe solche nur von ihnen selbst zu bezahlen sind.

Bischof so weit entfernt von dem ihm zugewiesenem Sprengel war. Der Kaiser, der darauf bedacht war, die religiösen Bedürfnisse speciell der Katholiken voll und ganz zu befriedigen, richtete daher an den Präsidenten der geistlichen Hofcommission, Freiherrn von Kressl, ein Handschreiben (24. December 1785), in welchem er sich dahin aussprach, die Bukowina entweder dem Archidiacon von Lemberg oder dem Bischof von Przemysl, je nachdem es dem Bezirke des einen oder des anderen näher liegt, zuzutheilen und solle Kressl sowohl den Hofkriegsrath (dem die Bukowina damals untergeordnet war), wie den Bischof Kerens von St. Pölten und das galizische Gubernium von dieser Entschliessung benachrichtigen und die Pfarreinrichtung nach Bedarf der katholischen Seelen eingeleitet werden.*)

Wir wollen schliesslich noch der Kritik eines Hirtenbriefes des Bukowinaer Bischofs Hereskul von Seite Josefs II. infolge eines Vortrages des Hofkriegsrathes vom 3. Juni 1786 gedenken. (Bekanntlich durften zu jener Zeit, und zwar bis zum Jahre 1848 Hirtenbriefe ohne Genehmigung der Behörde nicht veröffentlicht werden.)

In diesem Hirtenbriefe hiess es, der Bischof werde immerfort bestrebt sein, die alten Gewohnheiten und eingewurzelten üblen Gebräuche aus dem Herzen seiner Gemeinde auszurotten. Dieser Satz, meinte der Kaiser, könnte dahin missverstanden werden, als wollte der Bischof eine dem Volke missliebige Reform einführen. Es würde daher besser sein, sich in allgemeinen Ausdrücken über das unsittliche und eines vernünftigen Christen unanständige, der Religion und seinem eigenen Heil schädliche Betragen zu äussern.

Der Kaiser fand es auch nicht angemessen, dass den Gläubigen, wie dies in dem Hirtenbriefe geschah, die Noth und der Nahrungsmangel vorgehalten werden, obgleich es in der guten Absicht geschah, um es ihnen als Strafe für ihre Sünden

---

*) In gleicher Weise wie für die Katholiken war Kaiser Josef auch für die Bekenner der anderen Confessionen besorgt. In dieser Beziehung heben wir aus der Resolution über den Vortrag der Hofkanzlei vom 27. März 1785 folgenden Passus hervor: „Uebrigens wird die Kanzlei und Commission, da wo es auf die Einsetzungsvorschläge von griechisch-katholischen Bischöfen und Seelsorgern in Galizien zu thun ist, jederzeit, ohne Rücksicht ob es ein Basilianer oder Altgrieche sei, blos auf Wissenschaft und gute Sitten, der solche nämlich in vorzüglichem Grade besitzt, Bezug nehmen."

anzurechnen. Der Kaiser meinte: „Statt den Gläubigen ihre gegenwärtige Noth vorzustellen, wird es besser sein, ihnen an's Herz zu legen, dass bei einer verstockten Verharrung eines Volkes in dem, was Gott und der Religion zuwider ist, immer die Strafe auf dem Fusse folge und ein ganzes Land von Gott mit Plagen heimgesucht wird, die durch nichts anderes als durch die Beobachtung seiner Gebote und durch einen gesitteten und christlichen Lebenswandel abgewendet werden, welches alles durch Beispiele aus der heiligen Geschichte zu unterstützen und nach diesem Verstande abzuändern ist."

Die vorstehende kaiserliche Resolution bedarf keines Commentars. So viel jedoch ist gewiss, dass Jene, die Kaiser Josef für einen Ketzer, Häretiker etc. verschreien, aus diesen und ähnlichen Resolutionen nicht den Beweis für ihre Behauptung bringen werden.*)

Hand in Hand mit der im Interesse der Religion geplanten neuen Diöcesaneintheilung ging auch die angemessene Eintheilung der Pfarreien.

Es kann hier nicht unsere Aufgabe sein, eine Darstellung der neuen Pfarreintheilung im ganzen Reiche zu geben; wir beschränken uns darauf, die Pfarreien in Wien im Jahre 1783 zu verzeichnen. Wir fügen denselben drei Zahlen hinzu. Die erste gibt die Zahl der Häuser, die zweite die Zahl der Familien und die dritte die Zahl der Seelen an.

Es bestanden Februar 1783 zwanzig Pfarren in den Vorstädten Wiens, u. zw.: St. Leopold 326, 2547, 11759, Carmeliter

---

*) In Betreff der Güter des Bischofs war der Generalmajor Baron Enzenberg in Radautz gar oft in Zwiespalt mit den ihm untergeordneten Beamten und mit dem Bischof. Der Präsident des Hofkriegsrathes, Graf Hadik, schrieb daher an denselben, 19. März 1783: „Derjenige, welcher zur Leitung grosser Geschäfte bestimmt ist, muss unter anderem auch die Gabe der Bescheidenheit haben, dass er ohne etwas davon in die Augen fallen zu machen, mithin ohne Schmälerung seines Ansehens sich nicht blos in den Wechsel der Zeit und der Umstände, sondern auch manchesmal in den Humor, der in den Geschäften einen wichtigen Einfluss nehmenden Menschen, wenn sie gleich seine Subalternen sind, zu schicken wissen muss, um durch dieses Hilfsmittel die gefassten Absichten desto ehender zu erreichen."

In einem Handschreiben des Kaisers vom 12. Juli 1783 an Hadik wird bestimmt, dass der Bischof von Radautz sammt den Geistlichen seiner Diöcese dem Metropoliten zu Carlowitz unterstehen. Wenn ein neuer Bischof ernannt wird, consecrirt ihn daher der Metropolit zu Carlowitz und hat er sich dessen Anordnungen zu fügen.

129. 1155, 5680, Erdberg 300, 1160, 4561, Augustiner (Landstrasse) 242, 1635, 7395. Filiale Weissgärber 82, 224, 1231, Pfarre Rennweg 67, 413, 2236, Caroli Borromaei 104, 947, 4677, Paulaner 326, 2650, 11575, St. Florian (Matzleinsdorf) 133, 1033, 4077, St. Margaretha 226, 1366, 5864, Gumpendorf 177, 1167, 4673, Carmeliter (Laimgrube) 181, 1893, 8073, Mariahilf 175, 2749, 11408, St. Ulrich (Neustift) 228, 3016, 12394, St. Ulrich (Untern Gutes) 286, 4251, 17450, Altlerchenfeld 168, 1659, 6062, Maria Treu, Piaristen 267, 2580, 11020, Trinitarier (Alsergasse) 130, 1086, 7725, Himmelpfortgrund 153, 1443, 5294, 14 Nothhelfer (Lichtenthal) 224, 2221, 7685, Serviten 147, 1391, 6122.

In der inneren Stadt waren die Verhältnisse wie folgt: Burgpfarre 7, 97, 444, Schotten 266, 1458, 8118. Neun Chöre der Engel 139, 894, 4745, St. Peter 165, 1363, 7847, Akademische 128, 813, 4707, St. Stefan 320, 2621, 14547, Franziskaner 94, 590, 3644, Augustiner 99, 601, 4167, Michaeler 89, 570, 3742.

Ganz Wien zählte daher im Jahre 1783: 5372 Häuser, 45593 Familien und 208919 Seelen (in der inneren Stadt allein 51961 Seelen).*)

Der Personalstand der Regular- und Weltgeistlichkeit in Wien im Jahre 1782 war:

Erzbischof und Domherren 19 Personen, Churpriesterschaft 26, Alumnat 19, Weltgeistliche als Pfarrer in den Vorstädten 7, Capläne 12, Vicarien und Curaten zu St. Peter 68, Beneficiaten ohne und mit Seelsorge 116, Messeleser aus der Diöcese 261, aus fremden Diöcesen**) 309. In Summa 837 Personen, ferner:

In der Stadt: Benedictiner zu den Schotten 38, Benedictiner von Montserrat 17, Canonici reg. St. Augustini 19, Barnabiten bei St. Michael 20 und 4 Cleriker, Dominicaner 31 und 13 Cleriker, Priester bei St. Ivo 7, Unbeschuhte Augustiner 52 und 1 Cleriker, Minoriten zum h. Kreuz 30 und 3 Cleriker, Cajetaner 7, Hieronymitaner 7, Capuciner am neuen Markt 58,

---

*) Nach der Militärconscriptions-Tabelle war die Seelenzahl in der inneren Stadt im Jahre 1782 circa 43000 Seelen.

**) Am 5. August 1784 befahl der Kaiser, darauf zu sehen, dass die fremden Geistlichen, die blos vom Messelesen leben, unnachsichtlich in ihre Diöcesen zurückgeschickt werden.

Franziskaner 67 und 24 Cleriker. Zusammen 353 Priester und 45 Cleriker.

In den Vorstädten: Benedictiner zu St. Ulrich 5, in Gumpendorf 2, im grossen Armenhaus 3, von Montserrat am Friedhof 2, Barnabiter in Mariahilf 11, Piaristen Josefstadt 20 und 5 Cleriker, Löwenburg'sches Collegium 18, Wieden 11 und 6 Cleriker, Theresianum 12, Ungargasse 5, Unbeschuhte Carmeliter in der Leopoldstadt 35 und 1 Cleriker, Beschuhte Carmeliter auf der Laimgrube 25 und 11 Cleriker, Paulaner Wieden 23 und 1 Cleriker, Trinitarier Alsergasse 44 und 4 Cleriker. Serviten Rossau 22 und 2 Cleriker, Barmherzige Brüder Leopoldstadt 5, Landstrasse 1, Kreuzordens-Ritter St. Carl Wieden 8, Augustiner Landstrasse 20 und 9 Cleriker, Capuciner St. Ulrich 25. In Summa 297 Priester und 39 Cleriker. Alles in allem gab es daher im Jahre 1782 650 Geistliche und 84 Cleriker*) in Wien.

Durch die neue Pfarreintheilung wurden in Wien wie anderswo die Zahl der Pfarrer vermehrt. Die neu angestellten Pfarrer hatten, wie dies auch bis dahin üblich war, bei Gelegenheit ihrer Installation beim Consistorium Taxen zu entrichten. In Wien erhielt der Weihbischof 8 Ducaten, die Consistorialkanzlei 6 Ducaten, das Kanzleipersonale 4 Dukaten; je einen Ducaten erhielten der Cursor, der Ceremoniär und der Capellendiener; der bischöfliche Diener und die beiden Kanzleidiener erhielten je einen halben Ducaten. Im ganzen wurden 23 Ducaten als Taxen bezahlt. In Folge eines Vortrages der Hofkanzlei vom 26. Jänner 1784 resolvirte der Kaiser, dass alle diese Taxen aufzuhören haben und die im gegebenen Falle *bona fide* bereits abgeführten

---

*) Wir schliessen hier sämmtliche Stiftungen an, die in Wien im Jahre 1783 zu kirchlichen Zwecken bestanden. Sie betrugen 4,647.174 fl. Capital, welches an Interessen 181.886 fl. 57 kr. brachte und überdies jährlich 7792 fl. 29 kr., die auf Realitäten radicirt waren, und zwar: 179.081 Messstiftungen, Capital 3,961.003 fl. und auf Realitäten 7704 fl. 29 kr., für Ministrirungen und Levitirungen 2775 fl., für Musik 58.684 fl., 368 Stiftungen für Predigten 35.585 fl., 2783 Stiftungen für Segen 26.385 fl., 4248 Stiftungen für Litaneien 106.540 fl., 3902 für Rosenkranz 42.645 fl., 165 für Lampen 62.835 fl. und auf Realitäten 88 fl., für Beleuchtung 32.447 fl, Novenen 67.930 fl., Christenlehre 10.700 fl., Processionen 11.064 fl., Begleitung des Allerheiligen zu Kranken 1000 fl., zur Verehrung der Reliquien 710 fl., für Memento 3170 fl., Exercitien 13.000 fl., Metten 20.380 fl., zur Unterhaltung des Geläutes 540 fl., auf Paramente etc. 45.836 fl., Unterhaltung der Kirchen 29.979 fl., Almosen 9676 fl., Entlohnungen 4000 fl.

Taxen wieder zurückzustellen seien, „weil es nur einen *fundus* und nur einen Dienst giebt und alle Seelsorger insgesammt als von diesem *fundo* besoldete geistliche Beamte zu betrachten sind, von denen keiner von des anderen Anstellung zu gewinnen hat". Dasselbe sei bei dem untergeordneten Consistorialpersonale der Fall: Der Bischof hat dasselbe zu besolden, ohne Taxen zu erheben, da er hinlängliche Einkünfte hat.

Die Trennung der Diöcesen, sowie die neue Pfarreintheilung erforderten Geldmittel, die aus den Mitteln der aufgehobenen Klöster etc. herbeigeschafft wurden. Wie bekannt begründete der Kaiser den Studien- und den Religionsfond und sollte letzterer eben dem angeführten Zwecke dienen. Als erster und unabweislicher Grundsatz wurde in Betreff des ganzen wie immer Namen habenden Vermögens angenommen, dass das geistliche Vermögen nach dessen ersten Ursprung und Endzweck und nach dem wahren Geiste der Kirche als ein für das Beste des Seelenheils bestimmtes Patrimonium anzusehen sei, von welchem die geistlichen Individuen und Gemeinden nur für ihre standesmässige Nothdurft Nutzniesser sind und die sichere Verwendung des Ueberschusses für die ersterwähnte Hauptbestimmung dem Landesfürsten als *supremo ecclesiae tutori et canonum custodi* etc. gebühre.*)

Der Zweck des Studien- und Religionsfonds wurde weiter noch dahin präcisirt, um den ausgedehnten Umfang der Seelsorge nicht mehr dem Ungefähr, wie bis dahin zu überlassen: überall, wo es die Nothwendigkeit erfordert, Hilfe zu schaffen, den Abgang sowohl an Personen, wie an Unterhalt, von dem an anderen Orten befindlichen Ueberfluss herbeizuholen, die Geistlichkeit ohne Unterschied für die Religion und den Nächsten wirksam zu machen, den Unterthan von den unangenehmen und hie und da lästigen Abgaben an dieselbe zu entheben.**) dabei

---

*) Es mag hervorgehoben werden, dass bereits die Kaiserin Maria Theresia im Jahre 1778 anordnete, dass die geistlichen Stifte Steuer zahlen sollen, um neue Pfarren zu begründen. Die Kaiserin wünschte und hoffte, dass die grössere Anzahl der Pfarren mit besserem Erfolge den Irrlehren (dem Protestantismus) entgegen treten werde.

**) Bis zu Josef II. mussten Stolgebühren für die Administrirung der Taufe gezahlt werden. Josef hob sie am 11. October 1783 auf, da die Taufe ein zur Constituirung eines Christen höchst wesentliches Sacrament sei.

Während der Kaiser in solcher Weise bestrebt war, das Volk gewissermaassen vor Ausbeutung zu sichern, hat er auch die Geistlichen von unnöthigen Ausgaben befreit. Wir führen diesbezüglich folgenden Fall an: Die Pfarrer

aber niemanden von seinem Genuss willkürlich etwas zu entziehen, sondern wenn es nöthig ist, durch eine verhältnismässige Ausschreibung von Beiträgen auf den vorerwähnten Clerus den Abgang zu ersetzen, die in dem Maasse wieder aufzuhören hätten, als sich der Bedarf der Religionscassa vermindert; endlich damit überall die nöthige Vorsehung in Absicht auf die Seelsorge und den Unterricht im echten Christenthum durch die aus den dermaligen Clerus wählende Individuum getroffen und durch den Nachwuchs auch fortgepflanzt werde.

In einem ausführlichen Handschreiben vom 17. Jänner 1783 an Baron Kressl setzte der Kaiser seine Ansichten über diese Frage, die wir hier kurz skizzirt haben, auseinander. In einer Resolution vom 20. October 1783 bestimmte der Kaiser ferner, dass das Vermögen der aufgehobenen Bruderschaften zur Hälfte dem Armenversorgungshause und zur anderen Hälfte dem Normalschulfonde gewidmet werden solle.

In gleicher Weise bestimmte der Kaiser, 15. März 1786, über Vortrag vom 2. März:

„Wenn zur Dotirung der Bettelmönche und Seelsorger die Religionsfondscasse in einem Lande nicht ausreicht, soll jene eines anderen Landes aushelfen, und falls die ganze Masse des geistlichen Vermögens in allen Erblanden nicht zureicht, soll die gesammte Geistlichkeit aller Erbländer, die einen höheren Genuss, als die allgemeine Congrua und die für Klostergeistliche bestimmten Pensionen betragen, bezieht, zur Ergänzung des Abganges *pro rata* ihres Einkommens jährliche Beträge zu leisten haben."

Einer besonderen Auseinandersetzung bedurften die Verhältnisse in Galizien. In dieser Beziehung glauben wir den Wortlaut der Resolution auf den Vortrag vom 10. Jänner 1783 anführen zu sollen, welche lautet:

„In Ansehung des geistlichen Vermögens ist ein Unterschied zu machen zwischen jenem der Bisthümer und Capitel, jenem der aufgehobenen Klöster und jenem der noch bestehenden Klöster.

---

in Oberösterreich waren bemüssigt, die Visitationskosten ihres Bischofs, der manchmal auf einer Station 1½ Tage Aufenthalt nahm, bei welcher Gelegenheit 2—300 fl. verzehrt wurden, mit barem Gelde zu bezahlen. Nachdem der Kaiser in Folge der Mittheilung eines Anonymus davon erfahren hatte (12. September 1787) wurde dieser Missbrauch abgestellt.

In Ansehung der Bisthümer schreibt Meine Resolution bereits vor, dass das Vermögen der polnischen Bisthümer und Capitel, welche in Galizien liegen, da deren Jurisdiction, wegen welcher sie dieses Vermögen genossen, aufhört, eingezogen werden soll, wo sodann der König mit dem jenseits gelegenen einem diesseitigen Bischof oder Capitel gehörigen geistlichen Vermögen thun möge was er will. In Ansehung der diesseits aufgehobenen Klöster ist sich ebenfalls Meine Resolution gegenwärtig zu halten, dass wenn ein Landesherr ein Vermögen, was seinem hierlands eingezogenen Kloster angehört, an sich zieht, demselben eine ganz angemessene Zahl Geistlicher zur Unterhaltung zugesendet werden solle. Da der König von Polen sich des in Polen gelegenen Vermögens des Lemberger Karmeliterinen-Klosters bemächtigt hat, so ist ihm eine dem dortländigen Vermögen angemessene Zahl Klosterfrauen zur Unterhaltung zuzuschicken. Was endlich 3. das Vermögen der diesseits noch bestehenden Klöster belangt, so sind die Klöster, welche in beiden Theilen Güter besitzen als *sujets mixtes* anzusehen. Man wird in Ansehung desselben gegen den in Betreff der *sujets mixtes* bestehenden Tractat handeln, wenn man mit Einziehung einiges denselben zugehörigen Vermögens fürginge und diesseits den Anfang mache. Aber sobald der König zuerst einen solchen Schritt seinerseits gethan hat, auch diesseits kein Bedenken mehr obwaltet, ein gleiches ungesäumt vorzunehmen. Da nun der König, welcher angezeigtermaassen dem Abte von Tyniec als einen *sujet mixte*, und den Besitz des in Polen habenden Benennungsrechtes des Beneficiaten zu *Koscielnavies* eigenmächtig gesetzt, wider den Tractat gehandelt und somit den ersten Schritt gewagt hat, so ist sich dieser Vorgang zu Nutze zu machen und daher dem König zu erkennen zu geben, dass, weil er eine galizische Abtei ihres in Polen habenden Rechtes zu entsetzen sich angemasst, man sich zur Einziehung sämmtlicher von den polnischen Stiftern in Galizien besitzenden Vermögens berechtigt halte und daher damit fürzugehen gedenke."

Selbstverständlich wurde die Aufhebung der Klöster zur Zeit als sie erfolgte, und wie beigefügt werden muss, hat die Kaiserin Maria Theresia mit dieser Massregel begonnen, in betheiligten Kreisen sehr übel aufgenommen, aber eben so gewiss ist es, dass heute kein vernünftiger Mensch, kein rechtgläubiger Katholik diese Massregel tadeln wird. Man wird es auch anerkennen müssen, dass der

Kaiser die Mittel der aufgehobenen Klöster zu dem denkbar besten Zwecke verwendete.*) Dass da und dort die Anordnungen des Kaisers anders ausgeführt wurden, als er gewünscht hatte, dass manchmal Missbrauch und zwar arger und schnöder Missbrauch getrieben wurde, soll nicht bestritten werden. (Wir werden Gelegenheit haben, über diesen Punkt noch zu sprechen.) Der Kaiser steuerte, wenn er davon erfuhr, derartigen Unzukömmlichkeiten und Missbräuchen. Wir wollen diesbezüglich nur einer Resolution auf den Vortrag vom 4. Februar 1788 gedenken, die lautet: „Was hier von Angreifung des Capitales des geistlichen Fonds vorgeschlagen wird, kann keineswegs statthaben, weil es unbillig und widersinnig ist. Die Ausschreibung auf alle geistlichen Pfründen, welche ich schon längstens als einen Grundsatz anbefohlen habe, wenn ein Abgang ist, ist die einzig billige Art und sogleich zu veranlassen. Wenn sich die geistliche Commission nicht schon jahraus dagegen sträubte und mit allen dem, dass sie schon öfters von mir ist dahin zurückgeführt worden, dennoch die Sache immer aufgeschoben, nicht vorbereitet hat und nun jetzo geschwind in der von mir vorhabenden häufigen Beschäftigung**) eine Resolution, die ihrer Gesinnung, nicht aber der meinigen gemäss zu e r s c h l e i c h e n trachtet."

Diese Resolution spricht für sich selbst und bedarf keiner weiteren Erörterung. Allerdings klagte der Kaiser wiederholt darüber, dass seine Befehle und Anordnungen oft aus Denkfaulheit nicht verstanden werden und da wo das Verständnis für dieselben vorhanden war, kam es nicht selten vor, dass die

---

*) Es mag hier folgendes Handschreiben an den Staatsminister Baron Reischach vom 23. September 1782 Platz finden, welches lautet: „Ich bin gesinnt die Exjesuitenherrschaft Czeikevitz in Mähren ihrer Lage halber für den Familienfond zu erkaufen und solche der Herrschaft Göding einzuverleiben. Da ich aber durch diesen Ankauf dem Exjesuitenfonde keinen Abbruch zu machen, sondern in diesem Falle wie ein jeder andere Käufer behandelt zu werden entschlossen bin, so übersende ich Ihnen diesen Vertrag, damit Sie das mährische Gubernium davon verständigen, den äusseren Wert dieser Herrschaft ordnungsmässig erheben zu lassen und mir solches zur Schlussfassung vorzulegen."

Diese Herrschaft wurde auf 252.190 fl. veranschlagt. Sie gehörte vormals dem Adam Sturzkowa, dem sie jedoch als Rebellen von Ferdinand II. abgenommen wurde. Dieser schenkte sie *absque onera* 27. Februar 1614 den Jesuiten in Olmütz, welche damals auf 20.312 Thaler Meissnerisch und 18 Groschen geschätzt wurde.

**) Der Krieg gegen die Türkei war eben ausgebrochen.

Befehle nicht ausgeführt wurden, weil die ausführenden Organe mit denselben nicht einverstanden waren. Der Vorwurf also, dass die geistliche Hofcommission die Dinge verschleppe und vereitle, ist nicht neu. Wol aber ist es ein starker und schwerer Vorwurf, dass die geistliche Hofkanzlei die übermässige Beschäftigung des Kaisers benütze, um eine Resolution in ihrem Sinne „zu erschleichen".

Wir wollen hier noch eines Falls erwähnen, der gewissermassen einen Einblick in die Verhältnisse, wie sie im heiligen römischen Reiche deutscher Nation zu jener Zeit bestanden, gewährt.

In Vorderösterreich gab es acht Mannsabteien, welche zum Religionsfonde jährlich 20.000 fl. beitrugen. Anfangs 1789 baten sie, sie von diesem Beitrage zu verschonen, da sonst die deutschen Reichsstände Reciprocität üben könnten.

Die Hofkanzlei ersuchte den Fürsten Kaunitz um seine Ansicht. Dieser bemerkte in einer Note vom 25. März 1789:

„. . Nach den allgemeinen Reichsgesetzen und nach der durch Verträge und besondere Constitutionen eingeschränkten Verfassung der Reichsständischen Landesherrn könnte zwar keine neue und ungewöhnliche Besteuerung *jure reciproci* statt haben und das Verfahren des Erzhauses Oesterreich, welches eine uneingeschränkte und privilegirte Verfassung hat, nicht zum rechtfertigenden Beispiel dienen. Allein die meisten Reichsstände arbeiten nun eifriger als jemals an Erweiterung der landeshoheitlichen Rechte, an Abänderung der alten Reichsconstitution, suchen sich dem Haus Oesterreich in allem gleich zu stellen und nach dem bei höheren Reichsständen schon lange in der Stille angenommenen Grundsatze sich in die Unabhängigkeit blos unter sich verbundener Staaten zu setzen. Da man nun in dem gegenwärtigen Augenblicke, wo die Anzahl der Widriggesinnten so sehr angewachsen ist, den Strom ganz allein aufhalten müsste, so hält man diesorts nun für räthlicher, den Ausbruch zu verhindern und so viel nur möglich die Gelegenheit abzuschneiden, wo die Reichsstände mit ihren constitutionswidrigen Grundsätzen und Absichten hervortreten und dieselben vollkommen in Ausübung zu bringen versuchen könnten."

Der Kaiser beschloss hierauf (Vortrag 7. März 1789), dass der deutsch-erbländische Clerus, wie sich von selbst versteht, nur für die *in austriaco* liegenden Einkünfte aufzukommen habe.

III.

(Gehorsam gegen die Gesetze. — Der Fall Blarer. — Förderung der Bildung. — Geistlicher Nachwuchs.)

Der Kaiser verlangte, dass die Bischöfe sich den Gesetzen des Staates fügen. Es erschien daher, 8. März 1782, eine Verordnung des Inhalts, dass die Landesstellen über die Handlungen der Herren Bischöfe nach den verflossenen verschiedenen höchsten Resolutionen eine genaue und stete Aufsicht tragen und bei wahrnehmender Bedenklichkeit ungesäumt die Anzeige davon machen. Auf einen Vortrag vom 19. März 1782 resolvirte der Kaiser ferner, dass gegen alle renitenten sowol aus- wie inländischen Bischöfe ohne Ausnahme, welche die ihnen von der Landesstelle bekanntgemachten landesfürstlichen Verordnungen nicht befolgen, mit der Sperrung ihrer in diesseitigen Landen gelegenen Temporalien vorgegangen werden soll. Als der Bischof von Rosenau in Ungarn sich im Jahre 1786 weigerte, das Ehepatent zu publiciren, weil sein Gewissen ihm nicht erlaube dies zu thun, bemerkte der Kaiser: „das heisst, Sie resigniren auf Ihr Bisthum. Gut, ich nehme die Resignation an."

Dass die angeführte Verordnung zu Missbräuchen und Ausschreitungen von Seite mancher Beamten und Behörden gegen den Clerus führte, ist begreiflich und führen wir diesbezüglich eine Klage des Grafen Herberstein, Bischofs von Linz, vom 1. September 1785 an, die er in einem Majestätsgesuche direct beim Kaiser einbrachte und welche zeigt, in welcher Weise man damals die Grenze zwischen der weltlichen und geistlichen Gewalt setzen wollte. Der Bischof klagte darüber, dass sich das Gubernium zu Linz Eingriffe in seine Amtswirksamkeit gestatte. Es verlange durch die Kreisämter die Beschreibung der Landdechanten und fordere Bericht über ihre Tauglichkeit. Fast sämmtliche Verhandlungen des Consistoriums wie der Pfarren werden mit dem Kreisamte und nicht mit dem Gubernium geführt, schliesslich heisst es: „Ich weiss wol, dass ich schuldig bin, die ah. Befehle durch die Regierung anzunehmen und dass der Regierung ihre Pflicht ist, auf die Erfüllung derselben zu wachen. Allein dass die Regierung in blos geistlichen und Disciplinarsachen berechtigt sei, mir und meinem Consistorium eigene Befehle ebenso wie dem untergebenen Kreisamte oder einem Dorfrichter oder mir einen Bescheid auf dem Rücken meiner achtungsvollen Zuschrift zuzuschicken, das ist, was meines Wissens keine andere Regierung in der Monarchie sich anmasst."

Infolge Auftrag des Kaisers erstattete die Landesregierung in Linz über diese Klage Bericht und die geistliche Hofcommission gab auf Grund derselben am 30. Herbstmonat 1786 ihr Votum ab. In demselben heisst es: Die in einem wolgeordneten Staate zwischen den Landesstellen und den Bischöfen oder ihren Consistorien in Bezug auf die Erfüllung der landesfürstlichen Verordnungen aufzustellenden Grundsätze müssen in folgendem bestehen, wenn anders Ordnung erhalten und kein Theil zu weit gehen soll:

1. Hat das Hirtenamt das *mere spirituale*, die politische Stelle aber das *temporale* mit ausschliessender Wirkung zu besorgen; doch ist das Gubernium die Rechte des Landesfürsten zu bewahren schuldig und folglich hat es durch bescheidene Nachforschung auch diesfalls das *Jus inspectionis supremae* zu unterstützen, somit Bericht einzuholen, ob z. B. die Seelsorge und die geistliche Hilfe dem Volke aller Orten gebührend zustatten komme und ob einige Seelsorger durch ausschweifende Aufführung oder sonst durch einleuchtende öffentliche Beweise ihrer Untauglichkeit zu verbessern oder abzuändern seien. Dies alles trifft das Volk und seine Leitung in Religionsübungen, die von dem äusserlichen Zustande unzertrennlich sind.

Wenn nun 2. in veränderlichen Zuchtsachen und öffentlichen Einrichtungen die landesfürstlichen Gesetze der gesammten Geistlichkeit zur Erfüllung vorgeschrieben, solche aber durch den Weg der Oberhirten entweder gar nicht oder doch nicht deutlich bekannt gemacht worden; wenn ferner die Bischöfe allgemeine Verordnungen in Gegenständen an ihren Clerus erlassen, die zugleich auf was immer für eine Art das Publicum mitbetreffen oder weltliche Dinge damit verbunden sind; wenn endlich der Clerus oder einige aus solchen den landesfürstlichen Geboten mit Ungehorsam entgegenhandeln, oder durch Abwege sich deren Erfüllung entziehen wollen, in diesen und in allen ähnlichen Fällen ist es der Landesstellen verantwortliche Pflicht, durch angemessene Mittel die Hände einzuschlagen und geradeswegs allenfalls dasjenige ohne Zeitverlust selbst zu veranstalten, was mit vielen Umwegen und Protestationen erst nach langer Zeit endlich durch Klagen, Vernehmungen und Entscheidungen zu Stande gebracht wird; denn wo es um Erfüllung der landesfürstliche Befehle zu thun ist, muss das alte Herkommen des äusserlichen Ansehens nichts gelten, wenn nur dabei weder voreilig noch etwa mit einer Härte oder Unverständigkeit von Seite der politischen Stellen fürgegangen wird. Jeder Oberhirt ist hier Unterthan und Bürger und jedes Consistorium muss nothwendig in obbesagten Gegenständen nur eine dem Gouvernement untergeordnete Stelle bleiben. . . .

Die geistliche Hofcommission hielt die Klage des Bischofs nicht für begründet, hingegen empfahl sie, dass die Zuschriften an das Consistorium das Epitheton: fürstlich erhalten sollen.

Josef rescribirte hierauf:

„Ich beangenehme durchgehends das Einrathen der Commission, nur ist der Regierung unter einem mitzugeben, dass sie künftighin von jenen Verordnungen in *ecclesiasticis*, welche sie durch die Kreisämter an die Geistlichkeit auf dem Lande erlässt, auch den Bischof verständigen und ihn dadurch in Stand setzen soll, auch die genaue Befolgung derselben pflichtmässig wahren zu können."

In gleicher Weise wie der Kaiser verlangte, dass der Clerus, die Bischöfe mit eingeschlossen, den staatlichen Gesetzen, Verordnungen u. s. w. Gehorsam leisten, so verlangte er auch, dass im Clerus selbst der Untergeordnete dem Vorgesetzten gehorche. Wir wollen hier des Falles Blarer, der seiner Zeit grosses Aufsehen machte, ausführlicher gedenken: wir skizziren ihn nach dem Vortrage der Hofkanzlei vom 30. März 1781.

Der Olmützer Fürsterzbischof brachte wider die Vorsteher des in Brünn befindlichen Priesterhauses Klagen ein. Er äusserte lebhaften Schmerz darüber, dass seine höchste Würde eines erzbischöflichen Diöcesans und Oberhauptes angegriffen und beleidigt wurde. Es werde dadurch die Einheit der Kirche gestört und dem Staate sei der Vorgang gefährlich. Sein Vorfahr, der sel. Bischof Eckh, habe sein ganzes Vermögen zu einer geistlichen Pflanzschule gewidmet. Man versprach sich davon die herrlichsten Früchte; doch habe er sich arg getäuscht und es sei der göttlichen Vorsicht zu danken, dass das Feuer, das bereits heimlich loderte, zeitlich entdeckt wurde.

Der sogenannte Spiritualis P. Balthasar Blarer wurde bei dem Brünner Bischof angeklagt, dass derselbe die ganze h. Messe laut lese, so dass man ihn in der ganzen Kirche verstehe. Trotz der Ermahnungen des Brünner Bischofs las Blarer nach wie vor laut die Messe. Auf die Vorstellungen des geistlichen Priesterhausdirectors Grafen von Vetter antwortete er: Wenn die Bischöfe ihre Gewalt und Autorität brauchen werden, so werde er sich auch jener der Priester bedienen. Graf Vetter constatirte ferner, dass die Zöglinge des Priesterhauses Bücher der Jansenisten, die *sub excommunicatione* verboten sind (Paschal, Quesnel, Nicole und Arnaud) fleissig lesen: zur Uebung der Uebersetzungen aus dem Französischen die protestantische Bibel und den Quesnel vorgelegt erhalten, wodurch unfehlbar ein Schisma entstehen muss. Im Auftrage des Erzbischofs hielt Graf Vetter mit den Zöglingen eine Constitution, aus welcher hervorging, dass die Schule eine Schule der Irrlehre geworden sei. Als dem P. Blarer vorgestellt wurde, der Erzbischof besitze gelehrte Räthe, antwortete er: „es wäre zu wünschen".

Da die Klagen ohne weitere Belege waren und es sich um kein Dogma handelte, so ordnete das Gubernium eine Commission, bestehend aus Mitgliedern des Guberniums und des Ordinariats, zur Untersuchung der Sache an.

Das Gubernium tadelte dann zunächst den Grafen Vetter, der das Haus hässlich verschrien und der Sache eine ausserordentliche Publicität gegeben habe.

Was den P. Blarer betrifft, so erklärte dieser, er habe nur den blinden Gehorsam verweigert und bemerkt: Wenn die Bischöfe die Rechte und Autorität ihres Amtes so weit ausdehnen, so müssen sie sich nicht wundern, wenn die Priester die Vorzüge des Priesterthums, welches von Jesu Christo eingesetzt worden ist, vertheidigen. Er habe ferner den Beweis des Gehorsams gegeben, indem er sich des Messelesens sofort, nachdem ihm dieses verboten wurde, enthielt. Das Gubernium hielt dafür, dass Blarer des angeschuldigten Verbrechens losgezählt werden könne. Was das laute Messelesen betrifft, erklärte Blarer: *a)* er lese die Messe als Spiritual für die Alumnen und er thäte dies laut, um sie zu diesem h. Opfer desto mehr vorzubereiten und zu unterrichten; *b)* er sehe im Lautlesen kein Verbrechen; *c)* wenn es heisst: *sub missa voce*, so will das blos bedeuten, dass man nicht singe; *d)* viele Priester in Italien, sogar zu Rom, unter den Augen der *Congregatio sacrorum Rituum*, lesen die Messe laut. In Mähren bestehe das Diöcesanstatut des Bischofs Stanislaus von Olmütz, welches anordnet, die Messe *alta et intelligibili voce ut a circumstantibus audiri possit* zu lesen und im Abkommen mit dem Ordinarius vom 1. Februar 1779 heisst es, dass der Gottesdienst in dem Priesterhaus dem im Alterthume geübten am nächsten kommen soll.

In Betreff der Klage, dass die Zöglinge protestantische Bibeln erhalten haben, so sei zu bemerken, dass man die Zöglinge auf Unrichtigkeiten aufmerksam machte, und zwar geschah dies nur bei der Uebung im Hebräischen und in letzterer Beziehung greift man oft sogar auf die Rabbiner zurück.

Was die Beschuldigung des Ungehorsams der Zöglinge betrifft, so muss vor allem constatirt werden, dass die Protokolle vom Grafen Vetter ganz ordnungswidrig und widersinnig aufgenommen wurden. Es ist ferner constatirt, dass die Alumnen keineswegs den schuldigen, sondern lediglich den blinden, unbedingten Gehorsam verweigert haben und das sei keine Irrlehre. Wie viele Fälle hingegen liegen vor, wo von Seite der Geistlichkeit ein wirksamer Gehorsam zu leisten unterlassen wurde. Die Bulle *Unigenitus* und *in Coena Domini*, letztere trotz des a. h. Verbotes vom 11. November 1769, kommen im Ritual der Olmützer Diöcese und sogar im Ritual der neuerrichteten Brünner Diöcese vor.

Das Gubernium lobt insbesondere die guten Sitten, den Fleiss und die Kenntnisse der Zöglinge des Priesterhauses.

Was das Lesen verbotener Bücher betrifft, so scheint allerdings der eine oder der andere Quesnel gelesen zu haben. Im *Catalogus librorum prohibitorum* kommen auch Pascal, Arnaud, Nicole vor: diese sind aber von Staatswegen nicht verboten und da man keinen *statum in statu* dulden kann, so darf auch hier kein Eingriff gestattet werden.

Das Gubernium war ferner der Ansicht, Graf Vetter sei schärfstens zu tadeln und seines Amtes zu entheben.

Da das Priesterhaus aus dem Vermächtnisse Ferdinand III. und den Zuflüssen der Kaiserin Maria Theresia entstanden ist (Bischof Graf Eckh gab blos fl. 92.000), so sei die freie Disposition nicht lediglich dem Priesterhause zu überlassen.

Professor Czerny, der die falschen Protokolle Vetter's als Zeuge fertigte, soll seines Amtes enthoben werden.

Die Hofkanzlei wies in ihrem Votum zunächst auf die Quelle des Uebels hin. Behufs Errichtung des Priesterhauses wurde der Kaiserin Maria Theresia ein Plan vorgelegt. Die Erz-

und Bischöfe von Prag, Lavant und Seckau und der Cardinal in Wien wurden um Gutachten angegangen. Die ersten drei äusserten sich lobend; nur der Cardinal von Wien abfällig, wie es scheint, aus dem Grunde, weil in dem Plane dem Landesfürsten die Oberauf- und Einsicht, absonderlich über die Fonde und ihre Gebarung zugestanden wurde. (Ueber die Vorgänge im Wiener Priesterhause weiss man nichts.)

Die Kaiserin genehmigte den Plan; aber schon im Jahre 1778 geschah der erste Anwurf, um das Haus merklich zu schwächen. Der Erzbischof wünschte, dass 25 (später sogar 30) Alumni nach Olmütz versetzt werden, um ihn und die Domherren bei öffentlichen Kirchenfesten zu bedienen. Die Kaiserin jedoch beschloss, dass blos 12 dahin versetzt werden sollen. Da es in Olmütz an Geistlichen nicht mangelte, so wurde dieser Wunsch wohl deshalb ausgesprochen, damit die Alumni in ihren Studien verhindert werden und um ihnen andere Grundsätze als jene, die im Brünner Priesterhause gelehrt werden, einzuprägen.

In einem Vergleiche zwischen dem Olmützer Erz- und dem Brünner Bischof bezüglich der beiderseitigen Jurisdictionsbestimmungen nannte sich der Erzbischof: *Summus Patronus et Praeses*, dem die volle *Jurisdictio voluntaria et contentiosa privative* gebühre. Dieser Vergleich wurde jedoch verworfen und im April 1779 ein neuer aufgesetzt, der die kaiserliche Genehmigung erhielt.

Diese beiden Bischöfe hatten gewiss nichts Böses im Sinne; wohl aber die Personen, die sie leiteten, und dazu gehörte der Cardinal von Wien, welcher auch den Bischof von Laibach aufzuhetzen suchte, was ihm jedoch, wie aus dessen Antwort hervorgeht, misslang. Auch dieser will keinen blinden Gehorsam und bekennt sich zu der Ansicht: *sicut cadaver quocunque projiciatur et sicut baculus in manu senis* zu sein.

Bevor jedoch die Untersuchung des Grafen Vetter begonnen hatte, wurde schon am 26. und 31. December 1780 gegen das Priesterhaus gepredigt und der Pöbel gegen dasselbe aufgehetzt.

Auf die Anklagemomente übergehend, befürwortete die Hofkanzlei, dass Blarer einen Verweis erhalte, weil er die Messe laut gelesen, da dieses eben gegen die Vorschrift ist, hingegen soll dessen Suspension ohne Verzug aufgehoben werden.

Die Klage wegen der Lectüre der Zöglinge scheint darauf auszugehen, dass man keine gelehrten Pfarrer erziehen lassen, sondern bei der alten Unwissenheit verbleiben wolle.

Was die Klage betrifft, dass den Zöglingen schismatische Grundsätze beigebracht wurden, muss hervorgehoben werden, dass die Klageschrift des Erzbischofs entworfen war, bevor noch die Alumni vom Grafen Vetter zu Rede gestellt worden waren. Man wusste noch nicht, was die Alumni antworten werden, und dennoch machten ihre Antworten den Grund zu den Beschwerden aus. Thatsächlich sind auch die Antworten der Zöglinge gefälscht.

Es wäre zu strafen, dass die Bullen, welche in Oesterreich verboten sind, noch ferner im Rituale vorkommen und wären sie sofort daraus zu entfernen. Es verstehe sich übrigens von selbst, dass keine Diöcesanverordnung ohne behördliche Genehmigung erscheinen darf.

Wohl verwirft die Bulle *Unigenitus* Quesnel, aber nicht das staatliche Gesetz. Es sind die Vorsteher der Priesterhäuser auch dafür zu loben, dass sie nicht unbedingt Alles, was aus Rom kommt, für unfehlbar halten. Freilich wird Vorsicht bei derartigen Büchern am Platze sein.

Der Kaiser resolvirte hierauf:

„Kein Alumnus soll nach Olmütz zur Kirchenbedienung geschickt werden, der nicht seine Studien und Hilfswissenschaften vollkommen beendet hat. Die Aufhetzung fremder Ordinarien von Seite des Wiener Cardinals kann nicht gleichgiltig angesehen werden. Dieses unanständige Benehmen soll ihm durch ein eigenes Decret gerügt werden. Da unter diesen Umständen nicht viel Gutes von dem Wiener Priesterhause zu erwarten ist, so ist es nothwendig, dass man auch von diesem gründliche Einsicht und Kenntnis erhalte. Es wäre daher zuverlässig zu erfahren: 1. Welche Stiftungen und Einkünfte es hat; 2. wie viele Alumni; 3. wie die innere Einrichtung beschaffen ist; 4. ob die Alumni auf der Universität und was zu Hause studiren; 5. welche Bücher ihnen befohlen und welche zugelassen werden. Die bestehenden Priesterhäuser überhaupt sollen von nun an unter behördlicher Aufsicht stehen.

Den beiden mährischen Ordinarien, die übel berathen zu sein scheinen, ist zu bedeuten, dass sie künftig bessere Räthe gebrauchten, die auf einer erbländischen Universität Theologie und das *jus canonicum* studirt haben, sonst müssen Personen bestellt werden, welche auch bei den *Examinibus* anwesend sein werden.

Blarer hat sich wohl verantwortet und gerechtfertigt; aber zu wenig Unterwürfigkeit gegen seinen Bischof bewiesen. Ein Untergebener hat zuerst zu gehorchen, hernach kann er sich erst beschweren. Er soll sich beim Bischof schriftlich respectvoll entschuldigen. Da es jedoch nicht gut wäre, wenn er in Brünn bliebe, so soll er als Oberaufseher des Priesterhauses nach Wien versetzt werden.

Professor Czerny ist seines Amtes zu entheben."

Bezüglich der Bullen *Unigenitus* und *in coena domini* stimmte der Kaiser der Hofkanzlei bei. Es wird jedoch den Behörden aufzutragen sein, alle sowohl molinistischen als jansenistischen Principien, Lehren, Abhandlungen, Discurse und beiderseitig fanatische Lehren hintanzuhalten und eine wie die andere bei weltlichen wie bei geistlichen, auf keine Art, noch in Disputationen noch schriftlich, nicht einmal nennen zu lassen.

Da die Bischöfe öfters die besten Bücher den Schülern verbieten, so ist ihnen zu bedenken, dass nur jene verboten sind, welche die Bücher-Censur verbietet.

Graf Vetter, der so übel denkend und schlechter Handlungen überwiesen ist, muss sofort entfernt werden.

Um die gekränkte Ehre des Priesterhauses wieder herzustellen, so ist an das Gubernium zu erlassen, dass die angestellte Untersuchung die Grundlosigkeit der Beschuldigungen bewies.

Da es sich hier neuerdings erweist, dass auf eine bessere Aufklärung der Mönche und auf Regulirung ihrer Studien hingearbeitet werden muss, so ist von dem *Directore studii Theologici* der Plan, den er verfertigt haben soll, abzufordern und dieser Plan zu begutachten.

..... und wie Ich den genauesten Gehorsam und Unterwürfigkeit aller Geistlichen gegen ihre Bischöfe und Vorsteher handgehabt wissen will und sie ernstlich dazu verhalten werden sollen, ebenso habe Ich das Recht zu fordern von denen bischöflichen Diöcesanis, dass sie sich pünktlichst allen über die innerliche und äusserliche Verwaltung und zur Erziehung des Cleri von Mir erkannten allgemein nutzbaren dabei erlassenen Landesgesetzen und Verordnungen gehorsamst und willigst seien."

Der Kaiser kam auf dieses Moment oft und wiederholt zurück, da sich häufig Fälle ereigneten, dass die untergeordnete Geistlichkeit sich gegen ihre Vorgesetzten im geistlichen Amte auflehnte. So heisst es in der Resolution auf den Vortrag der

Hofkanzlei vom 18. Jänner 1783: „... es wäre bei jetzigen neuen Pfarreinrichtungen zur Sicherheit der Seelsorge und guter Auswahl, dann Erhaltung des Gehorsams der gesammten Geistlichkeit gegen ihre Bischöfe zu verordnen, dass bei jeder Pfarr- oder Caplanerledigung nach dem Concurs dem Bischof vom Kirchenpatron drei Subjecte vorgeschlagen werden, aus welchen der Bischof einen wählen muss, falls nicht ein wichtiges *impedimentum canonicum* vorwaltet. Man wäre dann sicher, dass zur Seelsorge ein wahrhaft würdiger Mann aus den drei vorgeschlagenen erwählt werden müsste und nicht wie jetzt durch Missbrauch, allerhand abgenützte junge Herren, Hofmeister zur Musik, zur Jagd oder als Tischräthe sich brauchen lassende Geistliche von den Patronis und Bischöfen aufgedrungen werden."

Wie aus dieser Resolution hervorgeht, gab es zu jener Zeit auf diesem Gebiete nicht wenige bedeutende Missbräuche und Unzukömmlichkeiten, die aus früheren Zeiten herstammten, welche unter der frommen Kaiserin Maria Theresia fortwucherten, denen der Kaiser Einhalt zu thun bestrebt war.

Als der Domvicar Herzog in Budweis sich über seinen Bischof beklagte, bemerkte der Kaiser auf den diesbezüglichen Vortrag der Hofkanzlei vom 28. Februar 1787: „Wenn nicht bei der Geistlichkeit Zucht und Ordnung in dem strengsten Sinne gehalten wird, so ist nichts als die grösste Unordnung und Aergernis zu gewärtigen. Aus dieser Ursache ist dieser Herzog zu einem sechswöchentlichen bischöflichen Arrest in Budweis mit zweimaligem Fasten in der Woche zu belegen und nach einer nachher dem Bischof gethanen öffentlichen Abbitte von seinem Vicarialamte ohneweiters zu entsetzen und aus der Diöcese zu entlassen."

Als der Bischof Kerens in Wiener-Neustadt den Kaiser bat, dass Klagen gegen Geistliche wegen Disciplinarverbrechen zuerst an das Consistorium gewiesen werden sollen, schrieb der Kaiser, entsprechend dem angeführten Principe, eigenhändig: „Graff Kollowrat dieses sein verlangen scheint mir der so nöthigen Subordination und guter ordnung gantz angemessen und wird also in gemäsheit der befehl allerorten erlassen werden." *)

---

*) Wie bekannt, durften in früherer Zeit die Bischöfe ihre Diöcese ohne Bewilligung der Behörden nicht verlassen. Der Bischof von Triest, Graf Inzaghi, ersuchte 1785, die *limina apostolica* entweder selbst oder *per procuratorem* besuchen zu dürfen, um nach dem abgelegten Gehorsamseide

Der Kaiser, sowie die Männer, die ihm zur Seite standen, nahmen gar oft Stellung gegen den Clerus und es wird wohl heute niemand bestreiten, dass manches auf diesem Gebiete faul war. Wir haben bereits diesbezüglich einige Momente gestreift, hier wollen wir der Incorporirung geistlicher Pfründen gedenken. Es kamen, insbesondere in Deutschland, Fälle vor, dass Bischöfe, Capitel, Dignitäre, Aebte, Erzpriester und Erzdechante zur Vergrösserung ihrer Einkünfte (wenn sie deren auch schon bis zum Ueberflusse hatten) sich hier und da die am reichlichsten gestifteten Pfarreien als Tafelgüter auf dem Wege der eigenmächtigen Incorporation zueigneten. Ein schlecht besoldeter Miethling als Vicar oder Administrator leitete die Seelsorge, und das übrige der Pfarreingänge, ohne die geringste Amtsverrichtung, zogen die Bischöfe etc. an sich. Aehnliche Vorgänge kamen auch in Oesterreich vor. Die Hofkanzlei bemerkte daher im Vortrage vom 20. Jänner 1786, dass die Seelsorge und der Unterricht unter diesen Verhältnissen leiden. Der Staat wusste nicht oder wollte nicht wissen oder wagte es nicht, einem Bischof zu widersprechen, der auf einem halben Bogen mittelst seiner einseitigen Corporationsurkunde dem rechtmässigen Pfarrbesitzer das seinige nahm, um es für sich oder seine Lieblinge zu grösserem Aufwande vorzubehalten. Diesem Uebelstande sollte abgeholfen werden.

Es war ferner notorisch, dass die Religion da und dort sozusagen als Geschäft betrachtet wurde. Wir führen diesbezüglich Folgendes an: Der Prior der Serviten in der Rossau in Wien, bat am 14. October 1782, es möge demselben das beim Stadt-Oberkammeramt als verzinsliches Kirchengeld anliegende Capital von 700 fl. ausgefolgt werden, um ein neues heiliges Grab herzustellen. Diese Bitte wurde jedoch abschlägig beschieden, weil die Mendicanten sich von jeher mit dem unnützen äusser-

---

dem Papste Rechenschaft über die Diöcese zu geben. Hiezu bemerkte der Kaiser: „Dem Bischof ist aufzutragen, dass er, anstatt die *limina apostolorum* zu besuchen, viel lieber die *limina* seiner Diöcese fleissig visitire, so wird der heil. Petrus gewiss eine grössere Freude an diesem seinem Nachfolger haben, wie an der kahlen Visite."

Wir haben hier eine eigenhändig geschriebene Resolution des Kaisers angeführt. Während von der Kaiserin Maria Theresia zahlreiche eigenhändig geschriebene Resolutionen, Handschreiben, die sich manchmal auf einem abgerissenen Stück Papier befinden, etc. vorhanden sind, kommen eigenhändig geschriebene Resolutionen etc. von Josef selten vor. Auf Orthographie legte aber auch er wenig Werth.

lichen Prunk in Gotteshäusern am meisten beschäftigt haben, um dadurch den Zulauf des Volkes, dessen Augen daran haften, zu erlangen und von diesem Beiträge für Opfer, Opferstücke, Messstipendien etc. zu erhalten.

Man war sich auch klar darüber, welche gewaltige Macht die katholischen Geistlichen durch die Ohrenbeichte besitzen, und dass in dem Beichtstuhl dem Volke Grundsätze gegen landesfürstliche Anstalten unter dem Vorwande des Gewissens beigebracht werden können, welche die Geistlichkeit ausser dem Beichtstuhl nicht zu behaupten wagen würde.

Während man in solcher Weise der katholischen Geistlichkeit kein Vertrauen entgegenbrachte, weil man meinte, dass sie ihrer Aufgabe nicht gewachsen sei oder sich derselben entziehe, herrschte bei der grossen Masse des Volkes eine maass- und bodenlose Unwissenheit und beherrschte der Aber- und Wunderglaube mehr als der wahre und wirkliche Glaube die Gemüther.

Wir führen beispielsweise an: Etwa zweihundert Schritte ausserhalb des Dorfes Olberndorf im Viertel unter dem Mannhartsberge, befand sich ein hölzernes Bild, welches Christus am Kreuze mit der darunter stehenden schmerzhaften Mutter darstellte. Eines Tages steckte ein Bauernmädchen eine Wasserlilie in die Seitenwunde neben den Dolch. Die Blätter der Lilie fielen nach einiger Zeit ab, die Knospe aber blieb grün. Da meinten die Leute, es sei ein Wunder geschehen. Haufenweise zogen sie aus der Nachbarschaft in Processionen zu dem Bilde und behaupteten, dass auf Anrufen der Mutter Gottes zu Olberndorf verschiedenen Leuten geholfen wurde, Kranke genasen, eine Feuersbrunst wurde gelöscht etc. Als dem Consistorium die Anzeige gemacht wurde, fand es die Dinge ganz natürlich, da in der Seitenwunde Regenwasser war. Um der Sache ein Ende zu machen, wurde hierauf das Bild, auf Anrathen der Hofkanzlei vom 28. Juli 1783 in die Kirche zu Sitzendorf gebracht.

Den Kaiser mussten diese Wahrnehmungen um so schmerzlicher berühren, da er thatsächlich religiösen Sinnes war. Wir selbst haben für dieses Moment zahlreiche Beweise in unserem: „Oesterreich und Preussen 1780—1790", ferner in den historischen Skizzen beigebracht. Wir wollen denselben hier einige Notizen beifügen.

Der Kaiser wollte nicht gestatten, dass während der Fastenzeit in Prag Theater gespielt werde.*)

Als es im Frühjahre 1789 wenig regnete, schrieb der Kaiser an den Grafen Kolowrat, 13. Mai 1789: „Da infolge der grossen Trockenheit, welche wegen der in dieser Jahreszeit ungewöhnlichen Hitze grossen Nachtheil für die Feldfrüchte bringt, so soll in den Kirchen um Regen gebetet werden."**)

---

*) Wie bekannt, musste Fürst Kaunitz der Kaiserin Maria Theresia den österlichen Beichtzettel vorlegen. In gleicher Weise meldeten die Consistorien den Landesstellen, welche Beamte bei der Beichte waren. Diese Gepflogenheit wurde am 21. April 1788 aufgehoben, „da jeder Beamte die Pflicht der Religion selbst kennen muss."

**) Wir fügen diesem Auftrage folgendes Handschreiben an den Grafen Kolowrat vom 11. Juni 1789 bei, welches zeigt, wie schmal umgrenzt der Gesichtskreis auf national-ökonomischem Gebiete war. Dasselbe lautet: „Da infolge der Trockenheit eine schlechte Ernte zu befürchten ist, so soll sofort die Getreideausfuhr verboten werden. Es ist auch allgemein kund zu machen dass ich bei den jetzigen Kriegszeiten keinem Menschen irgend einen Vorschuss, weder an Geld, noch an Getreide, weder zur Saat, noch zur Brodung werde leisten können, welches den guten Erfolg haben wird, dass kein Mensch sich auf eine solche Hilfe verlassen, vielmehr anderweites Mittel sich Nahrung zu verschaffen, sorgfältigst nachdenken wird." Hierauf kommt der Kaiser nochmals darauf zurück, dass im ganzen Reiche Betstunden um Regen abgehalten werden sollen.

Wir fügen hier noch folgende Notizen, die in das national-ökonomische Gebiet gehören, bei. Die Hofrechenkammer machte 14. Juli 1785 den Vorschlag, eine Creditbank zur Unterstützung der inländischen Manufactur zu errichten. Hierzu bemerkte der Kaiser: „Der Vorschlag von einer Creditbank oder *Caisse d'Escompte*, oder wie man sie immer nennen will, taugt nichts und ist nur gefährlich; also ist aller Gedanke hierzu gänzlich und für beständige Zeiten aufzugeben. Die Manufacturisten, wie vormals geschah, mit blossen ärarialischen Vorschüssen herbeizuziehen, zu etabliren und zu erhalten zu trachten, war das wahre Mittel dem Aerario und einigen Particuliers das Geld aus dem Säckel zu spielen und mit Erstickung der Industrie ungeschickte, unerfahrene und unehrliche Fabrikanten, welche sich auf nichts als Protection, die sie auf was immer für eine Art erkrochen, oder auf ihr Mundstück, welches auf die blöden und doch habsüchtigen Geldverleiher wirkte, verliessen, herbeizuziehen. Auf diese Art wurde das Geld in Häuser, Gebäude, in Gastereien, in Artefacta, die nur blendeten und nicht zum Verkaufe waren, das Staats- und Particulargeld versplittert und die so berühmten Commercialräthe und Consessen leiteten die Geschäfte, die selbst so mit interessirt waren oder auf der Gasse zusammengetrommelte Witzlinge, welche, weil sie mit Millionen herumwarfen und Sachen sagten, die die Gottobersten nicht verstunden, für wahre grosse und einsehende Männer gehalten und durch mehrere Jahre unter Chotek's, Andler's, Josef Kinsky u. dgl. Oberaufsicht den Staat prellten."

In gleicher Weise befahl der Kaiser, dass in den Kirchen Gebete mit Aussetzung des hochwürdigen Gutes für den glücklichen Fortgang der kaiserlichen Waffen im Kriege gegen die Türkei abgehalten werden sollen und selbstverständlich wurde ein *Tedeum* angestimmt, wenn ein Sieg erfochten wurde.

Es ist bekannt, dass der Kaiser wiederholt die Wallfahrt nach Mariazell und an andere Gnadenorte machte. Als er nach jahrelanger Krankheit dem Tode nahe war, nahm er auf eigenes Verlangen, am 13. Februar 1790, die Sterbesacramente und nachdem er die letzte Oelung empfangen hatte, liess er sich ankleiden und arbeitete wie gewöhnlich mit seinen Secretären. Am 15. Februar liess er sich jedoch nochmals versehen, da er die Nacht zuvor sehr schlecht zugebracht hatte.

Wir haben diese Momente angeführt, weil eine gewisse Partei bis auf den heutigen Tag nicht müde wird, den Kaiser als Ketzer und Gottesleugner hinzustellen[*]) und kehren nun wieder zur Sache zurück.

Man fand es, wie die Dinge lagen, am angemessensten, ein besseres Studiensystem für die Priester einzuführen, damit sie sich aus eigener Ueberzeugung und Erkenntnis von Vorurtheilen fern halten und Gott geben was Gottes und dem Kaiser was des Kaisers ist, zugleich aber auch das Bildungsniveau des Volkes

---

Zu jener Zeit hatten die Apotheker das ausschliessliche Recht, Mineralwässer zu verkaufen. Dieses Recht wurde ihnen infolge Vortrages vom 13. Juni 1783 entzogen und wurde auf Mineralwässer, die vom Auslande kamen, ein Zoll von 12 kr. per Flasche gelegt, da „nach Erkenntnis und Untersuchung der Medicorum die Erbländer solche Wasser in sich enthalten, welche den fremden an Güte ganz gleich kommen." Ungarn wurde jedoch diesbezüglich nicht zum Auslande gezählt und wurde daher von Mineralwässern, die von dort eingeführt wurden, kein Zoll bezahlt. Die Resolution schliesst mit den Worten: „und ist eine Praemie von 3 Ducaten auf das Tausend Bouteilles oder Krüge zu setzen, derjenigen inländischen Wasser so bewiesen werden, dass sie ausser Landes sind geführt worden."

[*]) Wie man weiss, wurden unter der Kaiserin Maria Theresia zahlreiche katholische Feiertage aufgehoben, unter anderen auch der Osterdienstag, und liess die Kaiserin zum Beweise, dass dieser Tag kein Feiertag mehr sei, an demselben das Dach auf dem Schlosse zu Schönbrunn ausbessern. Als Josef im Jahre 1786 vernahm, dass Pfarrer, insbesondere in Siebenbürgen, festlichen Gottesdienst an derart abgestellten Feiertagen hielten, befahl er, dass solchen Pfarrern mit der Entziehung der Pfründe gedroht werden soll und sollen sie von Seite der Consistorien verhalten werden, an derartigen Tagen ihre Gründe bebauen zu lassen, damit die Bauern sich daran ein Beispiel nehmen.

zu heben, damit es den Wunder- und Aberglauben aufgebe und sich dem wahren Glauben zuwende. Wenn dann die Seelsorge verbessert und jene Volkslehrer, die in dem ausserordentlichen stets ihren Vortheil und einen Theil ihrer Nahrung fanden, beseitigt und das Volk einen höheren Bildungsgrad erlangt haben wird; dann hoffte man, würde eine schönere und bessere Zeit anbrechen.

Um diese Zeit herbeizuführen, errichtete Josef zur Heranbildung der katholischen Geistlichen die Generalseminare, von welchen wir oben S. 19 sprachen, und um die Volksbildung zu fördern, hob er das Schulwesen.*) Es gab überdies zahlreiche Gelegenheiten, die den Kaiser veranlassten, sich mit der Frage der Bildung der Geistlichen zum Heile der Gläubigen und zum Wohle des Staates zu beschäftigen.

Als Beleg führen wir an: Ein Anonymus fragte im Jahre 1784, ob nicht die zu Mariazell, Maria Trost etc. vorhandenen

---

*) Es mag hier bemerkt werden, dass, nachdem der Kaiser beschlossen hatte, die marianischen Sodalitäten und Congregationen aufzuheben, er auch anordnete (10. September 1783), die bei den Universitäten und Lyceen vorhandenen besonderen Capellen aufzuheben und sollte die studirende Jugend in die Pfarr- oder sonst öffentlichen Kirchen zur Verrichtung des Gottesdienstes unter nöthiger Aufsicht geführt werden; den katechetischen Unterricht aber erhielt sie in der Schule oder in einem Saale.

Die Erhaltung der Volksschulen oder wie sie damals genannt wurden, Trivial- oder Normalschulen, lag zunächst den Gemeinden ob. Der Kaiser äusserte sich diesbezüglich infolge eines Vortrages der Hofkanzlei am 18. October 1782, wie folgt:

„Die Reichenberger Grundobrigkeit kann ebensowenig als eine andere, wenn sie sich nicht freiwillig herbeilässt, zu einem Beitrag für die Schulanstalt mit Recht verhalten werden, da die Unterhaltung der Schulen vornehmlich den Gemeinden obliegt und diese vorzüglich in der Abreichung eines mässigen Schulgeldes gesucht werden muss. Der Religionsfond selbst ist zu einem Beitrag zum Schulfond nur insoweit geeignet, als da, wo künftig neue Pfarreien oder Localcaplaneien errichtet werden, auch Schulen hergestellt werden müssen, es aber den dasigen Gemeinden an den erforderlichen Unterhaltungsmitteln gebricht und auch sonst die Erfordernisse aus dem allgemeinen Schulfond nicht bestritten werden kann. Doch kann auch hierauf nicht eher fürgedacht werden, als bis nicht vorher die eigentlichen Kräfte des Religionsfondes verlässlich bestimmt und die Erfordernisse der ohnentbehrlichsten Anstalten vollkommen bedeckt sein werden. Für diesen Fall wird sich sodann die geistliche Commission mit der Studiencommission in das gemeinschaftliche Vernehmen zu setzen haben; wo übrigens aber, wenn der Studienfond einen Ueberschuss an seinen Einkünften besitzt, hiervon allerdings etwas zum Unterhalt der Trivialschulen beigetragen werden kann."

Pretiosen von den Kreishauptleuten ordentlich beschrieben und inventirt werden sollen.

Nachdem die innerösterreichische Regierung ihr Votum abgegeben hatte, bemerkte die Hofkanzlei 20. April 1784:

Es ist bereits beschlossen, dass die an den inneren Wänden der Kirchen herumhängenden Opfer, dann die silbernen und goldenen Herzen, Hände, Füsse, Ringe u. a. dgl. zum Putze der Kirche dienen sollende Sachen, mit welchen hie und da die Statuen und Bilder umhängt sind, mittelst der Bischöfe weggeschafft und dafür andere nothwendige Kircheneinrichtungen oder statt der missgestalteten Bilder und Statuen besser geformte und costummässige beigeschafft werden. Alle aus edlen Metallen oder aus Pretiosen bestehende Putzsachen, die einen inneren Werth haben, wären zu veräussern und das Geld zum besten der betreffenden Kirche zu verwenden oder vorläufig in *fundis publicis* anzulegen.

Was aber die Kirchenschätze betrifft, die ausser der Kirche in Schatzkammern sich befinden, wie in Prag bei der Domkirche und bei der Loretto-Capelle, so wären dieselben genau zu inventiren und alle drei Jahre eine Revision vorzunehmen.

Josef rescribirte hierauf:

"Dieser ganze Vorschlag ist weder nutzbar, noch anpassend, noch weniger ist dessen vorgeschlagene Befolgungsart wohl überlegt, sondern nur ein in das kleine sich auszeichnender und nicht in das wahre eingehender Reformationsgeist. Es ist freilich leichter und gemächlicher, auf die Wände der Kirche zu wirken, als auf der Geistlichkeit Gedenkensart und Bildung und auf des Volkes echte Begriffe. Dieser Vorschlag ist nicht nutzbar, weil dieses wenige Gold und Silber im Ganzen genommen ein Nichts ist und wenn das einlösende Geld dafür zu Capital geschlagen wird, das Interesse hiervon noch wenig betragen kann. Er ist nicht anpassend, weil ohnedies die Fälle selten sein werden, wo neue derlei Opfer werden hergegeben werden, überdies gehören selbe immer zu dem geistlichen Fundo, ist also eine Vermehrung desselben Vermögenstandes und je mehr es verboten wird, je mehr wird es dem noch nicht genug aufgeklärten Volke zum Aergernis und zum Reize dienen, es im Geheim zu thun. Nebst diesem muss ohne dem aus dem gesammten Vermögenstande der Geistlichkeit das Nöthige für Unterhalt der Kirchen und Administrirung der Seelsorge bestritten werden;

also folget daraus noch mehr, wie wenig wohl überlegt die Mittel zur Befolgung dieses sind gewählt worden, da man die Kreishauptleute und Civilbehörden zur Schätzung, Abwag und Ueberwachung dieser Opfer gebrauchen will und dadurch eine Art von Eigennützigkeit, eine Gold- und Silberlust hervorbringt, oder wenigstens dem Volke vermuthen machen kann, welche man so sorgfältig in allen geistlichen Einrichtungssachen, wie es auch höchst anständig war, vermieden hat.

Von der Geistlichkeit allein kann man verhoffen, die Vorurtheile und abergläubischen auch materiellen Andachtsübungen bei dem Volke abzubringen; sie haben die Belehrung der Jugend in der Religion, sie haben den Predigtstuhl und was noch mehr ist, die Ohrenbeichte, dann die Besuchung der Kranken in den Häusern; sie allein können also diese Missbräuche aus dem Grunde abstellen, bei welchen es nicht auf Gehorsam, sondern auf Ueberzeugung ankommt. Von der Geistlichkeit aber ist diese Beiwirkung nicht zu hoffen, wenn nicht ihr Interesse in Abstellung dieser materiellen Andachten selbst gereizt wird. Es ist also nun den Ordinarien und Constistorien aufzutragen, dass da ohnedies alle Exemptionen aufgehoben sind, welche bei den Gnadenbildern bestunden, es erwünschlich wäre für den gesammten geistlich Fundus den sie ausmachen, wenn die bestehenden Gold und Silber oder andere Pretiosen begreifende Opfer in Geld verwandelt würden, weil dadurch die Beiträge, die jeder nach seinem Vermögen und Einkommen wohl vermuthlich hiefür zu leisten haben wird, vermindert würden. Dieses wird ganz sicher nach und nach der beste Antrieb sein, dass sie ohne weitere Mitwirkung der Civilbehörden zur Abstellung und besseren Benutzung dieser Pretiosen beiwirken, ja selbst das Volk von der Nutzbarkeit dieser Veranlassung belehren werde.

Was aber die häufigen Bildel, so in der Kirche als *ex voto* da hängen, diese sind sämmtlich herabzunehmen und nur auf grossen Tafeln der Name und die Jahreszahl, solcher sich *ex voto* angegebenen aufzuzeichnen und an die Wände der Kirchenthüren zu hängen, dass also jeder seinen Namen als ein besonderer dankbarer Verehrer dieses oder jenes Gnadenbildes gegen eine angemessene Vergeltung zur allsogleichen Vertheilung unter die Armen an die Kirche, auf diese Tafel eintragen lassen könne, wodurch also auch dieses, sowohl für das Verflossene in Ordnung gebracht, als auch für die Zukunft, weil es eine Vergeltung für die Armen betrifft, weder mehr von der Geistlichkeit die Leute dazu angeeifert, noch sie selbst, weil es keine Bilderkramerei mehr abgibt, dazu gereizt werden . . .

Was Statuen und Kleidungen der Bilder anbelangt, so kann mit diesem Ausdrucke alles behoben werden, nämlich dass eine jede Statue nur allein aus der Materie bestehen soll, aus der sie verfasst ist und also ihre Kleidung ebenso von Stein, Holz, Gold, Silber sein soll, ohne dass sie mit einer anderen Materie bedeckt oder gekleidet werde, welches ebenfalls in Rücksicht auf die Bilder Statt hat."

Im Laufe der Zeit enstand die Sorge wegen des geistlichen Nachwuchses.*) Diese Frage tauchte wiederholt zur Zeit Josefs auf. Es wurden die Erz- und Bischöfe um ihre Wohlmeinung gefragt, hierauf trat die Hofcommission zusammen, um über diese Voten zu berathen und schliesslich erstattete die Hofkanzlei den Vortrag. Wir geben eine Analyse des Protokolls vom 28. Juni 1788, da es interessante Streiflichter auf die damaligen Verhältnisse wirft.

Die Bischöfe meinten, dass die Zerstreuungen der grossen Stadt die Jünglinge vom Studium abhalten, daher komme die Ausgelassenheit der Sitten. Die Lehrer kümmern sich auch nicht um das sittliche Betragen der Schüler ausserhalb der Schule.

Die Bischöfe schlugen vor, dass die Studien für die Geistlichen vermindert werden. Hierzu bemerkt die Hofcommission:

Wenn die Bischöfe von einem Seelsorger weiter nichts als ein wenig Kenntnis der Moral und Dogmatik verlangen, so kann man sich des Gedankens, dass ihnen ein halb unterrichteter unwissender Clerus bequemer und aus bekannten Ursachen angenehmer sei, als ein gut unterrichteter, nicht erwehren. Mit einem geringen Maasse von Bildung wurden früher die Geistlichen in die Seelsorge geschickt. Die traurigen Wirkungen, welche diese von den Bischöfen belobte Art, die Seelsorge zu bestellen, hervorgebracht hat, bestehen zum Theil noch und diese sind: die äusserste Unwissenheit des Volkes in Religionssachen sowohl, als in allen übrigen Dingen, ein Aberglaube ohne Grenzen und alle jene Uebel, welche gewöhnlich mit Dummheit, Aberglaube und Rohheit vergesellschaftet sind.

Wenn die Gesetzgebung im Staate höhere Absichten erreichen will, so wird ein gewisser Grad von Aufklärung für das

---

*) Vergl. G. Wolf, Historische Skizzen 70 u. ff.

Volk nothwendig sein und da diese ohne Mitwirkung der Seelsorger nicht erzielt werden kann, so entsteht hieraus auch die Nothwendigkeit, die Kenntnisse und Einsichten der Seelsorge zu erweitern . . .

Eine allzugrosse Beschränkung des theologischen Studiums wird die Folge haben, dass die Candidaten des geistlichen Standes einerseits blos oberflächliche, anderseits zur Verwaltung der Seelsorge nach ihrem ganzen Umfange unzulängliche Kenntnisse, erhalten.

Der Antrag, dass man die Studirenden der Theologie in zwei Classen theile, in befähigte und minder befähigte und dass letztere weniger als die ersteren zu lernen hätten und diese minder befähigten blos zu Dorfpfarrern gebildet werden, kann nicht berücksichtigt werden, da man einerseits nicht annehmen kann, dass Jünglinge, die nicht blöde oder leichtsinnig sind, sich dem geistlichen Stande mit Verzicht auf alle stufenweise Beförderungen und Vortheile, die derselbe bietet und mit der alleinigen Absicht auf eine dürftige Dorfpfarre, widmen werden; anderseits aber ist es gar nicht räthlich, Geistliche ohne Fähigkeiten und hinlängliche Kenntnisse zu Dorfpfarrern zu bestimmen. Es ist ferner zu erwägen: Jeder, der Dorfpfarrer werden will, muss zuerst Caplan sein. Der Caplan aber steht dem Volke und der Jugend am nächsten, da er so oft den Pfarrer zu vertreten hat. Wenn nun der Mann nicht hinlänglich unterrichtet ist, so wird die Jugend verwahrlost und der ganze Nutzen, den eine Gemeinde von ihrem Seelsorger hat, beschränkt sich auf die mechanische Ertheilung der heiligen Sacramente.

Es ist für die Religion und für den Staat ohnedies schon traurig genug, wenn man aus Noth Personen, die nicht genug Befähigung haben, als Volkslehrer anstellen muss; aber ganz unräthlich ist es, eine derartige Zusicherung schon im Vorhinein zu geben.

Der Bischof von Brünn meinte, die Aufklärung verursache den Mangel an Nachwuchs, diese bewege den Jüngling, den geistlichen Stand, wo er weder ein zureichendes Auskommen, noch Achtung erwarten könne, zu meiden. Die Aufklärung hätte nur das Lächerliche verschiedener der Religion zugesetzten Missbräuche entdecken sollen, aber die bei der Pressfreiheit herausgegebenen Schriften haben den Volkslehrer selbst, dessen Würde von so grosser Erheblichkeit sei, verhöhnt und selbst bei der niederen Classe des Publicums in Geringschätzung gebracht, wozu die zunehmende Freidenkerei von Leuten, die aller Religion abgeneigt sind, das Meiste beigetragen haben mag. Man habe auch die Möncherei mit dem Priesterthum vermengt und die mit Recht gerügten Fehler der ersteren auch den letzteren imputirt. Das Seelsorgeramt sei auch mit zu vielen Beschwerlichkeiten verbunden.

Der o. ö. Regierungsrath Eibel und der n. ö. Regierungsrath Matt zählten zu diesen Beschwerlichkeiten auch das Cölibat. Die Aufhebung desselben hätten schon Kaiser Ferdinand 1. sammt den damalligen Fürsten und Bischöfen Deutschlands, ja sammt vielen Vätern des tridentischen Kirchenrathes beabsichtigt. In den dringendsten Vorstellungen an Menschlichkeit und Vernunft wurde die Aufhebung des Cölibates befürwortet (vergl. Schmidt, Geschichte VII). Würde das Cölibat aufgehoben (der Kaiser hatte sich gegen die Aufhebung 11. Juni 1787 ausgesprochen), so wäre kein Mangel an Geistlichen vorhanden. Rom werde sich gewiss dagegen sträuben; aber die römische Dispens sei nach allen Grundsätzen des allgemeinen Staats- und Kirchenrechtes nicht nothwendig. Ein grosser Theil des Publicums sehe einer Aenderung in dieser Beziehung entgegen und Geistliche sprechen laut davon. Man sollte derartige Stimmen nicht überhören.

Die Hofcommission meinte:

Wenn Aufklärung den Jünglingen die Lust zum geistlichen Stande benehmen könnte, so müsste entweder der geistliche Stand an solche Pflichten gebunden sein, zu deren Erfüllung eine unbethörte richtige Vernunft sich nicht verstehen kann, oder die Religion müsste von der Beschaffenheit sein, dass ein gut unterrichteter Mensch das Geschäft, sie zu lehren, ohne sich vor seiner Vernunft verantwortlich zu machen, nicht auf sich nehmen könnte. Die Religion nach ihrer ursprünglichen Lauterkeit und Simplicität betrachtet, stimmt mit den Einsichten der aufgeklärtesten Vernunft und mit den Grundsätzen der erhabensten Philosophie vollkommen überein und dies ist der Vorzug der christlichen Religion vor allen übrigen. Hiernach ist es nicht zu begreifen, wie wahre Aufklärung der wahren Religion nachtheilig sein könne. Jene, welche die Religion in ihrer Lauterkeit erfasst haben, freuen sich, wenn sie sehen, dass das Wesentliche in der Religion von dem Zufälligen und Willkürlichen, das Göttliche von menschlichen Erfindungen und Zusätzen abgesondert und der wahre Gottesdienst von frommen Mummereien und geheiligten Bagatellen gereinigt wird. Die Bischöfe mögen daher dafür sorgen, dass ein guter Katechismus verfasst werde, worin die Lehren der Religion in ihrer Lauterkeit und Simplicität abgefasst sind. Dass das Cölibat für Jünglinge, die Liebe zur Tugend haben und nicht leichtsinnig etwas heute versprechen, was sie morgen nicht halten, ein Hindernis bildet, ist ausser Zweifel.

Der Wiener Erzbischof bemerkte: Es müsste jedem der Muth sinken, Geistlicher zu werden, wenn man sehe, wie verächtlich der geistliche Stand behandelt werde. Professoren tragen öffentlich die gefährlichsten Anzüglichkeiten wider die Religion vor und die Zeitungen setzen den Clerus herab.

Der Regierungspräsident Pergen und Matt behaupten, dass die den geistlichen Stand beleidigenden Schriften beim Publicum ebensowenig Eindruck machen, wie jene Schriften gegen die Toleranzgesetze. Es sei nicht einzusehen, wie die kritischen Bemerkungen über den religiösen Zustand die Herabwürdigung des geistlichen Amtes nach sich ziehen können, da dadurch der Staat, ja die Consistorien selbst aufmerksam gemacht worden, um die guten und schlechten Prediger und Seelsorger zu unterscheiden und die letzteren zurechtweisen zu können.

Auch das Tiroler Gubernium meinte, man müsse diese Werke von der guten Seite betrachten, deren Absicht sei, herrschende Fehler auszurotten und dadurch dem geistlichen Stande seine ursprüngliche Ehrwürdigkeit zu verschaffen.

Die Hofcommission bemerkte, die Censur sollte Schmähschriften unterdrücken, da diese ihrer Natur nach nicht bessern, sondern lediglich aufbringen und hartnäckiges Festhalten an den gerügten Fehlern oder Schamlosigkeit bewirken. Allein mit Schmähschriften dürfen nicht vernünftige Kritiken, öffentliche durch Beweise unterstützte Anzeigen und Bemerkungen vermengt werden.

Es ist auch weder an sich selbst begreiflich, noch durch die Erfahrung bestätigt, dass durch Kritiken, welche blos über Missbräuche in der Religion, nicht aber über die Religion selbst, oder über die fehlerhafte Verwaltung des geistlichen Amtes, nicht aber über das Amt selbst gemacht werden, Verachtung gegen die Religion und das Seelsorgeramt bewirkt worden sei, oder bewirkt werden könne, denn, wenngleich der Mönchsstand den grössten Theil seines Ansehens, der blos auf geheiligten Missbräuchen und auf Täuschungen beruhte, durch nähere Beleuchtung und wahre Darstellung derselben zum Theil verloren hat, so steht der Seelsorgerstand, insoferne derselbe sein Amt nach Wahrheit handelt, noch immer in seiner vollen Achtung.

Wenn es heisst, dass es unzulässig sei, die in der Religion üblichen Ceremonien öffentlich zu tadeln, so kann dies nur von wesentlichen in der ursprünglichen Kirchenverfassung gegründeten Ceremonien verstanden werden.

Der Grund, weshalb die Bischöfe mit so viel Gewalt auf das Verbot aller Kritiken über geistliche Angelegenheit dringen, liegt am Tage.

Man will nach Willkür handeln und verträgt daher das *jus summi principii circa sacra* nur mit Widerwillen, man sieht die landesfürstlichen Verordnungen in geistlichen Dingen als einen Eingriff in die geistliche Gewalt an, befolgt sie entweder gar nicht oder nur zum Theil, oder nicht nach ihrem ganzen Sinne, die Pressfreiheit ist daher verhasst, weil sie die öffentlichen Anzeigen von dergleichen verordnungswidrigen Vorgängen begünstigt. Man will keinen Widerspruch vertragen, sondern durch blosses Ansehen entscheiden; deswegen will man das Denken, Forschen und Prüfen und in dieser Absicht auch das Lesen hindern, man will mit einem Worte gegen allen Tadel einen Freiheitsbrief haben.

Es hängt blos von den Bischöfen und Pfarrern ab, keine ihnen unangenehmen Erinnerungen in öffentlichen Schriften über ihre Amtsverwaltung zu lesen, indem sie lediglich, um die Kritik ganz schweigen zu machen, nach ihrer Pflicht handeln und die bestehenden Verordnungen mit Genauigkeit vollziehen dürfen.

Wenn der geistliche Stand im Ansehen gesunken ist, so hat er sich dies nur selbst zuzuschreiben, da sein Benehmen ein derartiges war, insbesondere unbehutsamer Umgang mit dem weiblichen Geschlechte, Trunksucht, Schuldenmachen. Keineswegs aber hat der Staat einen Grund, die öffentlich begangenen Fehler der Geistlichen und die Bestrafung derselben zu vermehren, da die Uebertretung der Gesetze dadurch nur zunehmen würde. Der Clerus soll daher der bürgerlichen Gerichtsbarkeit nicht entzogen werden.

Gegen die General-Seminarien wendet Niemand, ausser der Bischof von Triest, Graf v. Inzaghi, etwas ein, nur das mögen sie nicht vertragen, dass die Seminarien nicht unter ihrer unmittelbaren Leitung stehen und sie also den angehenden Clerus nicht nach ihren Absichten modeln und zurichten können.

Da und dort auf dem Lande fehle es an Geistlichen, weil die kranken Bauern den Geistlichen beständig am Bette haben wollen und soll er gleichsam einen Conducteur bei der Fahrt in die Ewigkeit abgeben.

Ein Seelsorger soll ein Volkslehrer sein. Lehrer zu sein, würden mehrere Lust haben, aber Prediger zu sein im heutigen Verstande, wo geschrien, perorirt und renommirt wird und wenn einen das Gedächtnis verlässt, schlechterdings extemporirt werden muss, ist wenig lohnend.

Es wäre auch von grossem Nutzen, wenn der Gottesdienst in der Landessprache gehalten würde.

Die Hofkanzlei bemerkte 17. August 1788:

„..„Man hat die wirklich bestandene Zahl der Geistlichen sehr vermindert, man hat ihre Amtspflicht härter gemacht, die Vorbereitungen dazu erschwert, ihren Stand selbst wenigstens einigermassen herabgewürdigt, ihnen ihre wenig gemächliche Lebensart abgestellt, das Dasein, soweit es die Ordensgeistlichen betrifft, unsicher gemacht, das Eigenthum ihres Vermögens, die Vorrückung zu Prälaturen*) ihnen benommen, mit einem Worte alle Reize des geistlichen Standes genommen und deshalb wollen sich nur Wenige diesem Stande widmen. Es würde sich auch empfehlen, das Studium zu ermässigen."

Hierauf rescribirte der Kaiser:

„Ich nehme alle diese Vorschläge blos zur Nachricht und will Ich nicht, dass von den von Mir in allen Punkten mit reifer Ueberlegung gegebenen Vorschriften und getroffenen Massnehmungen abgewichen werde."

Wie übrigens bereits bemerkt, tauchte diese Frage später wiederholt auf.

Ueber das Schulwesen unter Kaiser Josef II. haben wir eine ausführliche Darstellung in der Schrift: „Das Unterrichts-

---

*) Mittelst Decret vom 14. Jänner 1786 wurde der Prälatenstand aufgehoben, an dessen Stelle traten Weltpriester als *abbés commendataires*, welchen in der Prälatur eine Wohnung eingeräumt wurde, damit sie im Namen der geistlichen Hofcommission das canonische Fach und die pfarrlichen Geschäfte besorgen, auf die Befolgung der allgemeinen Befehle Acht haben und Ordnung im Hause halten.

wesen in Oesterreich unter Kaiser Josef II." gegeben. Als Ergänzung führen wir zunächst eine Relation Heincke's, Hofrath bei der Studienhofcommission vom Jahre 1781, über die Gymnasien in Wien, an.

Eingangs bemerkte er, es sei ihm der Gymnasialplan nicht bekannt, da er bei der Studiencommission niemals erschien. Er glaube jedoch nach den vorhandenen Lehrbüchern annehmen zu sollen, dass er den Zweck habe, die lateinische und griechische Sprache in erforderlichem Maasse zu lehren und die Schüler in jenen Kenntnissen zu unterrichten, die zur Erwerbung höherer Wissenschaften vorausgesetzt werden.

Er prüfte die Schüler, aber in solcher Weise, dass sie nicht merkten, es sei ihm darum zu thun, die Methode der Lehrer zu erfahren, da dadurch die schuldige Ehrfurcht der Schüler gegen die Lehrer untergraben werden könnte, „eines der grössten Uebel, so nur in Schulen gefunden werden kann." Er prüfte auch zumeist die armen Schüler, um zu sehen, ob die Lehrer nicht diese gerade am meisten vernachlässigen.

Er schlug vor, dass an den hohen Schulen, wie in Frankreich, England und auf den meisten protestantischen Universitäten die Lehrgegenstände in der Muttersprache, resp. deutsch vorgetragen werden. Zu diesem Zwecke soll bereits in den Gymnasien der Ton auf das Deutsche gelegt werden. Um jedoch auch die lateinische Sprache nicht zu vernachlässigen, sollen die Schüler angehalten werden, auch ausser der Schule lateinisch zu reden.

Nur jenen Schülern, welche die erste Classe im Zeugnisse haben, soll es gestattet werden, ihre Studien weiter fortzusetzen. Es treten alljährlich 800 von der Universität aus (Juristen, Theologen etc.), der Staat ist nicht im Stande, alle diese Männer zu versorgen; in Wien allein finden sich mehr als 1000 Gymnasialschüler, eine zu grosse Zahl.

Es müsse auch den Bürgern klar gemacht werden, dass ihnen in Oesterreich der beste Unterricht in allen Wissenschaften umsonst ertheilt wird, während in anderen Staaten gezahlt werden muss. „Bei dieser letzteren Einrichtung suchen die Lehrer wegen ihrem Beutel alles, was nur kommt, zuzulassen und prahlen mit der Menge ihrer Schüler."

Er befürwortete ferner, die Lehrer aus den verschiedenen Ständen zu wählen, wo auf einen grösseren Wetteifer zu rechnen ist. Die Einwendung, man finde unter Weltlichen keine Lehrer, sei unrichtig: wenn man sie suchen wird, wird man sie finden, sowohl in Oesterreich, wie in anderen Staaten. Man müsse die Lehrer durch Gehaltserhöhung, Ehrentitel und andere „Agréments" zu erhalten suchen und sie nicht nach der hergebrachten Mode als Schulmänner wenig achten.

Er fand schliesslich, dass der neue Lehrplan sich als sehr vortheilhaft erweise. Die Schüler sprechen nicht so geläufig Latein wie früher, aber correct und lernen überdies noch zahlreiche wissenschaftliche Disciplinen.

In der Resolution auf den Vortrag der Hofkanzlei, der diese Frage behandelt, vom 10. April 1781 heisst es:

„Muss fördersamst auf die Einführung einer guten Disciplin und Schulzucht das Augenmerk gerichtet werden, da eine gesittete, sittsame, ordentliche Jugend nothwendiger als eine gelehrte ist." Wie in Prag, sollen daher Ehren- und Schandbücher eingeführt werden, in welchen die Schüler selbst ihr Thun und Lassen verzeichnen.

Von noch grösserem Interesse ist der folgende Vortrag der Hofkanzlei vom 12. August 1783. Man wird staunen, zu erfahren, dass die Hofkanzlei und mit ihr die Studienhofcommission befürwortete, dass die Schüler der Volksschule Schulgeld bezahlen und die Hörer der Universität vom Collegiengeld befreit sein sollen. Es heisst in diesem Vortrage:

Im Jahre 1781 gab es in den deutschen Erblanden 735.805 schulfähige Kinder. Von diesen besuchten ungefähr 208.588 die Normal- und Trivialschulen (es gab deren 6197). Die Universitäten wurden von 5000 und die Gymnasien von 8000 Schülern besucht.

Man sollte denken, dass die Kosten für Universität und Lyceen mit fl. 202.968 und für Gymnasien mit fl. 80.000 nicht zu gross seien, um für alle Zweige der Staatsverwaltung so vieler Länder, für alle Lehrkanzeln, geistliche und weltliche Aemter und Verrichtungen die erforderlichen und unentbehrlichen Leute zu bilden, die man sonst aus der Fremde beziehen müsste.

Die Studienhofcommission meinte, obwohl es gewiss nützlich wäre, den Unterricht im Lesen, Schreiben und Rechnen so weit als möglich zu verbreiten, so würde doch kein so unmittelbarer Nachtheil daraus entstehen, falls die meisten Menschen diese Kenntnisse nicht besässen, als wenn es dem Staate an tüchtigen Beamten gebräche. Daraus folgt, dass die höheren Schulen für den Staat in grösster Beziehung notwendiger als die Trivialschulen sind. Der Nutzen des Unterrichts besteht auch nicht blos darin, dass er Vielen zu Theil werde, sondern es ist auch nothwendig, dass er jeder Classe nach dem Verhältnisse ihrer Wirksamkeit angemessen sei.

Bezüglich des unentgeltlichen Unterrichtes in den Trivialschulen wurde Folgendes bemerkt. Schon die Zahl der schulfähigen Kinder, 735.805, zeigt, dass kein europäischer Staat, wo so viele Kinder vorhanden sind, dieses thun könnte. Für die besuchenden Kinder, 208.380, bestehen 6197 Schulen. Falls alle schulfähigen Kinder die Schulen besuchen möchten, müssten 18.000 Schulen bestehen und mindestens ebenso viele Lehrer. In Stadt- und Hauptschulen sind jedoch 2, 3, 4 und 5 Lehrer nöthig. Nimmt man nun den Gehalt eines Lehrers auch nur mit fl. 150 jährlich an, so ergibt sich den ungeheuere Aufwand von selbst. Dazu käme noch die Errichtung von Schulhäusern, deren Einrichtung und die Anschaffung der Bücher etc.

Falls ein Kind wöchentlich das geringste Schulgeld, 2 kr., zahlt, so macht das im Jahre (nämlich für 10 Monate) fl. 1·20. 735.805 schulfähige Kinder würden daher fl. 981.073·20 zahlen. Falls das Schulgeld aufgehoben würde, so müsste der Staat diese Summe erlegen.

Diese Summe würde jedoch nicht genügen. Ein Lehrer kann nicht mehr als 60 Kinder unterrichten. Diese zahlen jedoch nach obiger Rechnung nur 80 fl. und der Staat hätte in dem Falle, wenn das Schulgeld per 2 kr. wöchentlich gezahlt wird, dem Lehrer noch fl. 70 nachzutragen, da der Lehrer jährlich mindestens fl. 150 Gehalt beziehen muss. Nimmt man nun 18.000 Lehrer an, so hätte der Staat fl. 1,260.000 und nach Abrechnung des Schulgeldes von fl. 981.073 von der nothwendigen Summe zur Bezahlung der Lehrer und Adaptirung von Gebäuden von fl. 2,241.073 zu zahlen. Zu diesem Zwecke sind aber jedoch blos fl. 101.069 vorhanden. Dieser Aufwand kann unmöglich von den Universitäten, Lyceen und Gymnasien bestritten werden, selbst wenn man die Ersparung bis zur Abwürdigung, ja fast bis zu ihrer Zernichtung triebe.

Zudem muss hervorgehoben werden, dass die Ersparungen bei Universitäten und Lyceen nicht die Bibliotheken, *specula astronomica*, Apparate zu Experimentalphysik und Mechanik, die botanischen Gärten, die *laboratoria chemica* etc. treffen könnte, sondern nur die Besoldungen der Lehrer. Diese betragen zu Wien fl. 58.291, zu Prag fl. 29.480, zu Freiburg fl. 19.335, in Summa fl. 107.106, gewiss keine übertriebene Summe für rechtschaffene Männer, die mit Ehre in der hohen Schule wirken.

Es sei ferner zu erwägen, dass an der theologischen Facultät der Unterricht unentgeltlich bleiben müsste, respective die betreffenden Lehrer müssten besoldet werden, da die Cleriker in den Generalseminarien erzogen werden sollen, und wenn jemand Collegiengelder zahlt, so hat er wohl auch das Recht, zu fordern, dass der Unterricht in einer ihm gefälligen Art ertheilt werde. Man könnte auch nicht pünktliche Vorschriften geben, da ein Professor, der für Geld lehrt, sich nach dem Geschmacke seiner Zuhörer richten muss. (?) An den Kosten für die theologischen Facultäten im Gesammtbetrage von fl. 17.975 könnte daher nichts erspart werden. Von den fl. 107.106 bleiben daher noch fl. 89.131, bei welchen sich vielleicht Abstriche machen lassen.

Da jedoch der Unterricht an der theologischen Facultät unentgeltlich sein muss, so muss dies auch in der philosophischen sein, die eben die Vorstufe zu derselben bildet. Man könnte daher blos an der juridischen und medicinischen Facultät Collegiengelder einführen. Da jedoch die Professoren denn doch zum Theile besoldet werden müssen, wie kann man hoffen, durch diese Ersparungen die für die Normalschule nothwendigen Ausgaben zu decken?

Was von den Universitäten gilt, gilt auch von den Lyceen. Es erübrigen dann noch die Gymnasien. Sie kosten fl. 80.475 und werden von 8000 Studenten besucht. Da die Zahl der schulfähigen Kinder 735.805 beträgt, so besucht je das 91. Kind die Schule, und da 5000 Studenten die höheren Schulen besuchen, so ist dies der 147. Theil.

Ob diese Anzahl zu gross ist, müsse der Allerhöchsten Entscheidung überlassen werden. Wollte man sie vermindern, so brauchte man blos in den Gymnasien ein mässiges Schulgeld zu entrichten, da thatsächlich viele Eltern „von niederer Gattung" aus angewohntem Hang ohne Wahl und oft ohne Ursache, ja selbst wider ihr eigenes Bestes ihre Söhne in die lateinischen Schulen schicken.

Wenn, wie angenommen werden darf, die Zahl der Gymnasialschüler von 8000 auf 4000 sinkt, so wird auch demgemäss die Zahl der an der Universität Studirenden sinken und die dadurch allerdings nicht beträchtliche erzielte Ersparnis könnte für die Normalschule verwendet werden.

Wenn die Trivialschulen bisher nicht in der Weise besucht werden, wie dies gewünscht wird, so liegt dies nicht am Schulgelde, sondern weil gegen sie mannigfache Vorurtheile, auch von Seite der Geistlichkeit, gehegt werden. Wo wirklicher Eifer vorhanden ist, wie in Böhmen unter der Leitung des Probstes Kindermann oder in Oberösterreich unter dem Oberaufseher Mayerhofer, da gedeihen sie auch.

Der Kaiser rescribirte hierauf:

„Die hier aufgeführte weitwendige und nur auf den Schein eingerichtete, keineswegs aber einer standhaften Zergliederung fähige Articulation will ich hiermit ganz übergehen und nur die verschiedenen Gattungen des dem Unterthan von dem Staate zu verschaffenden Unterrichtes nach folgenden vier Abtheilungen bestimmen:

1. Ist Lesen, schreiben und etwas rechnen ganz sicher für jederman nothwendig; hieraus folgt

2. diejenige Verbesserung in den gleichgedachten Lehrgegenständen nebst der Betreibung einiger mehrerer Kenntnisse durch die Normalschule und haben also

3. die Gymnasien nur häufig zur Erlernung der todten lateinischen Sprache, dann Fortsetzung der in der Normalschule erworbenen Kenntnisse, sowie endlich

4. die Lyceen und Universitäten nur zur gänzlichen Ausbildung jener, die mittelst fortgesetzter Lehre der höheren Wissenschaften dem Staate dadurch nützlicher werden zu können vermögen, den Bedarf hierin zu bedecken.

Das erstere, was jedermann, sogar bis auf den Aermsten wissen soll, dafür muss man bisher Schulgeld zahlen. Dagegen die weiteren Ausbildungsmittel, die nur der wenigere Theil, der dazu aufgelegt ist und das Vermögen besitzt, um sich solche durch mehrere Jahre beizulegen, bedarf, diese erhält man gratis, woraus sich nicht undeutlich abnehmen lässt, dass für die Vermöglichen alle Einrichtung getroffen und Professoren *in propria causa* Entwürfe gemacht haben, ohne dass man jemals systematisch auf das allgemeine Beste zurückgesehen habe. Um also die Sache in das wahre Geleis zurückzuführen, soll 1. in jeder Pfarre oder Localcaplanei, wo das Pfarrbuch gehalten wird, ein

Schulmeister angestellt werden, der zugleich die Messnerstelle versehen soll, wofür er aus dem geistlichen Fond fl. 100 oder fl. 150 erhält. In grösseren Pfarreien wird er dadurch in den Stand gesetzt, sich von Zeit zu Zeit durch einen Gehilfen vertreten zu lassen. Der Schulmeister muss jedoch den Präparandencurs absolvirt haben.

Es ist die Pflicht des Patrons, die Wohnung für den Schulmeister „mit allen" (eigenhändige Beifügung des Kaisers) zu verschaffen, zu unterhalten, zu beheizen, und da der Schulmeister Messnerdienste versieht, so wird er zumeist die Wohnung des Messners zur Verfügung haben. Alle Knaben von 6—12 Jahren sind verpflichtet, die Schule zu besuchen und sind die Eltern auch mit Zwangsmitteln dazu zu verhalten; in Gebirgsgegenden haben jedoch billige Ausnahmen einzutreten. Die Knaben sind unentgeltlich zu unterrichten, wobei es jedoch den Eltern freisteht, den Lehrern ihre Erkenntlichkeit durch Victualien oder Geld zu bezeugen. Mädchen können die Schulen wie bisher gegen Schulgeld besuchen und sorgt die allgemeine Schulverwaltung für dieselbe meist durch Beträge. Die Eltern sind dadurch in der Lage, ihre Töchter bei der Wirthschaft zu verwenden, anderseits wird das Einkommen des Schulmeisters erhöht.

2. Normalschulen müssen in den Städten (Kreisstädten, privilegirten Marktflecken, königlichen oder anderen Municipalstädten und umso mehr in Hauptstädten), und zwar nach der Zahl der Bevölkerung auch mehrere errichtet werden. Die Unkosten für Wohnung, Heizung, Bücher etc. sind in k. Städten aus dem Domesticalfond zu bestreiten, in unterthänigen von der Ortsobrigkeit. Die männlichen Kinder haben da nur die Hälfte des jeden Ortes eingeführten Schulgeldes zu bezahlen, die Mädchen das ganze.

In jedem Kreisamt soll ein Schulaufseher angestellt werden, der dem Kreishauptmann untergeordnet ist. Er hat die Schulen zu besuchen und die Prüfungen vorzunehmen. Besonders talentirte Kinder in Trivialschulen könnten in die Normalschule der Kreisstadt geschickt werden und könnte denselben ein Stipendium ertheilt werden; bewähren sie sich weiter als fleissig und talentvoll, sollen sie an Gymnasien und dann an die Universität gebracht werden. Werden derartige Schüler nachlässig, so verlieren sie ihre Stipendien. In solcher Weise wird es auch dem Sohne des ärmsten Bauers möglich sein, zu studiren, falls er Talent dazu hat.

3. Bei den Gymnasien hat jeder, die Stipendisten ausgenommen (eigenhändige Beifügung) Schulgeld 12 fl. per Jahr zu bezahlen.

4. In Lyceen haben Hörer der Philosophie und der Chirurgie jährlich fl. 18 und an der Universität jeder Hörer fl. 30 zu entrichten. Das einfliessende Schulgeld soll zu Stipendien verwendet werden.

IV.
(Klosterangelegenheiten.)

Es ist bekannt, dass unter der Kaiserin Maria Theresia mit der Aufhebung der Klöster begonnen wurde. Josef II. entschloss sich in dieser Beziehung weiter zu gehen und alle Orden, welche ein beschauliches Leben führten, aufzulösen. Dies geschah infolge eines Vortrages der Hofkanzlei vom 10. November 1781, in welchem dem Kaiser über zahlreiche Unzukömmlichkeiten in der Karthause zu Mauerbach berichtet wurde. Am 12. Juni 1782 wurde dieser kaiserliche Entschluss den Behörden bekannt gemacht, und zwar für Galizien mit dem Beisatze, nicht früher von diesem Erlasse etwas verlauten zu lassen, als bis zur Zeit, wenn die wirkliche Ausführung desselben erfolgen wird. Die Klöster sollten an einem Tage aufgehoben werden, und müsste man dafür sorgen, „die Ausschleppung mancher Pretiosen und Gold in das benachbarte Republicanische zu verhüten".

Es wurde den Mönchen und Nonnen, die bis dahin ein contemplatives Leben geführt hatten, gestattet, in jene Orden überzutreten, die sich dem Unterrichte und der Krankenpflege widmeten, oder Zeit ihres Lebens in dem bisherigen Orden zu bleiben, in welchem Falle sie eine Pension erhielten. Jene aber, die noch nicht alle Weihen erhielten, oder alle Gelübde abgelegt hatten, oder welche die Dispens vom Bischof erhielten, durften wieder, wenn sie es wollten, in die Welt treten.*) In gleicher

---

*) Ex-Nonnen erhielten jährlich eine Pension von 200 fl. Maria Anna Theresia, die am 7. Juli 1782 aus dem Kloster zu St. Pölten ausgetreten war, hatte dieselbe am 9. Jänner 1783 noch nicht erhalten. Der Kaiser bemerkte hiezu eigenhändig: „Baron Kressell, es ist ohnbegreiflich, das widerholt befehle so recht und Billigkeit ohnterstützen durch nachlässigkeit oder Schlendrian nicht können befolgt werden."

Weise konnten jene in die Welt treten, die einem Orden angehörten, der aufgelöst wurde.

Cardinal Migazzi wendete sich in einem Immediatgesuche an den Kaiser mit der Bitte, bei den Karmeliterinen und Clarisserinen Ausnahmen zu machen. Der Kaiser lehnte dieses Gesuch ab. In einem Handschreiben an den Cardinal vom 3. März 1781 heisst es:

„Wollen die alten und gebrechlichen, von allen Klöstern Oesterreichs zusammen unter bischöflicher Aufsicht und Vorschrift beisammen verbleiben, so ist es ihnen, wie Sie wissen, gestattet und sobald man von allen Karmeliterinen und Clarisserinen die Anzahl beiläufig wissen wird, so wird ihnen von Seite der Regierung ein oder zwei Orte nach Maass ihrer Anzahl angewiesen werden. Uebrigens zweifle ich nicht, dass in einer kurzen Zeit diejenigen, so sich zu thätigen Orden verwenden werden, in selben den nämlichen Trost, wie in ihrem jetzigen, blos contemplativen Leben finden werden, welches Mir zum wahren Trost und Vergnügen, dem Allgemeinen genützt und den Einzelnen auch wider ihr Vermuthen Vergnügen verschafft zu haben sein wird. Unendlich viel wird dazu beitragen, wenn Ihr geistlicher Trost und Ihre so stattlichen Argumente für die Thätigkeit zum Dienste des Nächsten diesen jetzo so ängstlichen und etwas schwachen Seelen zu Hilfe eilen und sie leiten werden."

Während der Kaiser die Clarisserinen in Wien nicht weiter dulden wollte, beliess er dieselben in Troppau, jedoch nicht zur Erziehung der Jugend, zu welcher sie nicht „aufgelegt" waren, sondern zu Zwecken der Krankenpflege, wie solches auch bei den Elisabethinerinen der Fall war.*) Sollte, fügte der Kaiser in

---

*) Schon im Jahre 1778 baten die Elisabethinerinen in Klagenfurt um einen Zuschuss, um nothwendige Reparaturen gegen Feuersgefahr am Kloster, welches an die Wohnung der Schwester des Kaisers, der Aebtissin Erzherzogin Maria Anna stiess, vorzunehmen. Doch die Kaiserin rescribirte: „Vor jetzo nichts zu thun, sollen recht obacht geben." Im Jahre 1782 wiederholten die Elisabethinerinen diese Bitte, welche die Hofkanzlei, 9. April, befürwortete, mit dem Bemerken, das Kloster sei so gebaut, dass es beständig der Feuersgefahr ausgesetzt sei und könnte die ganze Stadt, wenn da Feuer entstünde, eingeäschert werden. Da das Kloster keine Mittel hat, so könnten die Kosten, 2404 fl., aus dem Religionsfond bestritten werden. Der Kaiser lehnte jedoch dieses Ansuchen ab. Wohl mag sich das Kloster in Feuersgefahr befinden; daraus folge aber nicht, dass das Aerar und noch weniger der Religionsfond die Kosten zu bestreiten hätten. Um dem Uebelstande abzuhelfen, gebe es

der Resolution des Vortrages vom 21. Jänner 1781 hinzu, der König von Preussen etwa wegen dieser Aenderung, die jenseitigen Güter einzuziehen Anlass nehmen, so wäre zu erklären, dass man demselben auch die Nonnen zur Verfügung hinüber schicken werde. (Wie wir hinzufügen wollen, wurden Nonnen thatsächlich, 1784, nach Preussen geschickt; doch Friedrich II. schickte sie wieder zurück. Als dann Preussen das Gut Polatiz, welches dem aufgehobenen Stifte Wellehrad gehörte, einzog, sendete man nicht mehr Geistliche dieses Stiftes nach Preussen.*)

Da und dort wollte die Hofkanzlei, respective die geistliche Hofcommission etwas zu weit gehen, in welchen Fällen der Kaiser Einhalt gebot.**) Insbesondere fasste er das Moment in's Auge,

---

drei Wege. Entweder die Klosterfrauen verschicken einige Mitschwestern in andere Elisabethiner-Klöster und die dadurch erzielten Ersparnisse werden zu den Kosten für Reparatur verwendet, oder die Elisabethinerinen zu Klagenfurt werden in ein anderes leer gewordenes Kloster versetzt, oder endlich das Kloster wird aufgehoben und die Nonnen werden in andere Klöster ihres Ordens vertheilt. Die Resolution schliesst: „Hätte man so systematisch gedacht, so würde diese ganze Commission und Schreiberei, die umsonst ist, vermieden worden sein."

*) Nachdem der Jesuitenorden aufgehoben wurde, zog Preussen das Stiftungsgut *societatis Jesu*, Schillersdorf, als *bona vacantia* und *res nullius* ein, wofür Oesterreich Olbersdorf und Weisswasser einzog. Im Jahre 1786 betrug das Stiftungs- und Bruderschaftsvermögen, das Oesterreich in Preussen hatte, 144.631 fl.; Preussen hatte damals in Oesterreich 16.269 fl.; das Vermögen des Breslauer Bisthums war hierbei nicht mit inbegriffen. Es wurde daher befohlen, ohne Aufsehen zu erwecken, die jenseits haftenden Capitalien zu kündigen und hereinzubringen und die Realitäten zu verkaufen. — Bei dieser Gelegenheit mag hervorgehoben werden, dass der Erzbischof von Salzburg, das damals, 1785, nicht zu Oesterreich gehörte, 29.147 fl. an Temporalien genoss, u. zw. Benützung von Gütern in Steiermark 13.591 fl., von Gütern in Kärnten 15.500 fl., von Capitalien in Kärnten und Steiermark per 16.000 fl. zu 4% 616 fl. und in Tirol 16 fl. Die Hofkanzlei wollte jedoch in dieser Angelegenheit kein Votum abgeben. Sie bemerkte, 19. Februar 1785: „Die Frage, ob es räthlich sei, für den Mächtigeren die Verhältnisse, in denen er mit den Schwächeren steht, zu zerreissen, und diese dadurch unabhängig zu machen; ob es politisch nützlich sei, dass ein Monarch, wie der Regierer des österreichischen Hauses die Bande, welche mindere Reichsfürsten an ihn knüpfen, selbst auflöse, ist so wichtig, dass sie blos Eure Majestät selbst entscheiden können."

*) Während der Kaiser, wie wir hier sehen, zögernd eingriff, gingen ihm manchmal die Dinge zu schleppend. Auf einen Vortrag der Hofkanzlei vom 25. October 1782, wegen anonymer Klagen gegen Franziskaner in Krain bemerkte der Kaiser: „. . . . Es wird auf's Letzte die Commission nie aus dem Wust herauskommen (wenn sie anonyme Klagen berücksichtigen wollte). Dies

dass durch die Aufhebung zu zahlreicher Klöster Mangel an Priestern eintreten könnte. Als daher die geistliche Hofcommission in Uebereinstimmung mit der Hofkanzlei am 21. December 1783 den Vorschlag machte, das Dominicanerkloster in Prag aufzuheben und dasselbe in eine Kaserne umzugestalten, grollte der Kaiser, dass die Hofkanzlei und die geistliche Hofcommission sich nicht der nothwendigen ordentlichen Leitung der geistlichen Geschäfte fügen wollen. „Wohl sei es leichter, nach Gemächlichkeit das eine oder das andere Kloster aufzuheben, als systematisch zu denken." Das böhmische Gubernium soll daher einen Bericht über den Bedarf an Geistlichen im ganzen Lande vorlegen. Bis dahin aber haben die Dominicaner aller Orten zu verbleiben und sei der Gedanke, aus dem Kloster auf der Kleinseite eine Kaserne zu errichten, fallen zu lassen.

In gleicher Weise entschied der Kaiser, als in Folge der Klagen gegen die Klöster der unbeschuhten Carmeliter in Galizien die Hofkanzlei 24. Juli 1783 befürwortete, dieselben aufzuheben. Der Kaiser erklärte, insolange der Bedarf der Geistlichen in Galizien nicht festgesetzt sei, handle man im Dunkeln, wenn man ganze Orden aufheben wolle. Diejenigen Carmeliter, die eine Schuld begangen haben, sollen ohne Ausnahme *ad carceres episcopales* nach Umständen auf ein Jahr oder wenigstens auf 6 Monate verurtheilt werden. Hat der Bischof keine Kerker, so sind die Schuldigen in einen öffentlichen Kerker zu geben, nie aber in ein Kloster. Zur Atzung sollen sie täglich 4 Kreuzer erhalten und wenn sie die Strafe überstanden haben, sollen sie ohne Ausnahme ausser Landes geschafft werden.

Anders gestaltete sich die Sache in folgendem Falle, der Aehnlichkeit mit dem „Nachtbilde" hat, das wir den Lesern in unseren „Historische Skizzen" S. 187 vorführten. Die Hofkanzlei Hofkammer und Bankodeputation erstatteten nämlich am 4. April 1783*) einen Vortrag folgenden Inhaltes:

---

scheint ein Mittel der Uebelgesinnten zu sein, damit das Grosse nie geschehe, die Zeit durch Untersuchungen, Berichterstattungen über anonymische Anzeigen verloren gehe und diejenigen Hauptgrundsätze, die ich ihr zur Ausarbeitung aufgetragen habe, immer zurückbleiben."

*) Im Jahre 1783 bestanden in Wien folgende Mendicanten-Klöster (die erste Zahl bedeutet Priester, die 2. Cleriker und die 3. Laien). In der Stadt: Unbeschuhte Augustiner bei Maria Loretto 56, 11, 19. Capuciner auf dem neuen Markt 51, 11, 21. Dominikaner 31, 16, 14. Franziskaner 67, 24, 36. Hieronymitaner 7, 0, 1. Minoriten zum h. Kreuz 28, 8, 8. Summa 244, 70, 102 = 416.

Das galizische Gubernium hatte berichtet, dass im Kerker des barfüssigen Carmeliter-Klosters zu Witnik der 31jährige Cleriker Damascenus Zbischovsky, auf Veranlassung des dortigen Priors in Ketten an den nackten Füssen am Boden angeschmiedet, am 6. Dezember 1782 vor Hunger und Kälte in der Verlassenheit gestorben und erst am 7. todt aufgefunden wurde.

Wie aus dem Untersuchungsprotocolle hervorging, war dieser Mönch mit dem gezwungen angenommenen geistlichen Stand unzufrieden. Er flüchtete desshalb zu den Bernardinern, wurde jedoch nach Ostern 1782 wieder zurückgebracht und sofort vom Pater Prior selbst mit einer Geissel, so lange als er wollte und konnte, gepeitscht und wieder in seinen alten Kerker gesperrt, wo er schon durch den ganzen vorigen Winter ohne alle Heizung geschmachtet hatte, weil er schon früher Fluchtversuche machte und von Zeit zu Zeit theils aus innerlichem Gram, theils wegen seines harten Geschickes wahnsinnig war.

Am 9. November scheint er wiederholt Fluchtversuche gemacht zu haben, griff dann diejenigen, die ihn mit Gewalt zurückbringen wollten, mit einem Messer an und verwundete dem Prior die Hand, dem P. Prediger Chrysostomus die Nase und einen Knecht am Leibe.

Nun liess ihn der rachsüchtige Pater Prior *Joannes a Simone et Juda* mit auf blossen Füssen angeschlagenen Eisen auf dem Boden dieses gewölbten Kerkers, der weder Fenster noch einen Ofen hatte und in welchem der *Mercurius* im Wetter-

---

Klöster ohne Sammlung in der Stadt: Benediktiner bei den Schotten 31, 6, 0, Benediktiner de monte serrato 19, 0, 0, Barnabiten bei St. Michael 23, 7, 10, Piaristen in der Schulerstrasse 6, 0, 1, Canonici regulares bei St. Dorothea 19, 0, 0, Congregatio St. Philippi zur Dreifaltigkeit 6, 0, 0, Theatiner 7, 0, 4. Summa 111, 13, 15 = 139.

Mendicanten in den Vorstädten: Beschuhte Augustiner Landstrasse 19, 9, 11, Paulaner Wieden 20, 3, 3, Capuciner St. Ulrich 26, 1, 9, Unbeschuhte Carmeliter Leopoldstadt 35, 4, 11, Beschuhte Carmeliter Laimgrube 30, 11, 13, Trinitarier Alsergasse 40, 7, 15, Barmherzige Brüder Leopoldstadt 5, 0, 60, Landstrasse 1, 0, 5, Serviten 20, 11, 14, Summa 196, 96, 141 383.

Klöster ohne Sammlung in den Vorstädten: Barnabiten Mariahilf 12, 0, 4, Piaristen Josefstadt 20, 5, 5, Wieden 12, 13, 5, Landstrasse 6, 0, 0, Löwenburgischer Convict 6, 0, 1, Kreuzherren mit dem rothen Stern 9, 0, 0, Summa 65, 18, 15 = 98.

Von dem Stifte Schotten expoirt 26, 0, 0.

Summa Summarum 642, 147, 273 = 1062.

glase auf 4⁰ unter dem Eispunkt gesunken, halbnackt in einem blossen Hemd von grober Leinwand, über welches, vermuthlich erst nach seinem Tode, ein anderes Kleid oder Kaftan geworfen wurde, anschmieden und befahl, ihn wöchentlich zwei Mal mit 25 Geisselstreichen zu peitschen. Durch 4 Tage in der Woche bekam er blos Wasser und Brod, und zwar Kleienbrod, und die anderen drei Tage schlechte Suppe und Kraut.

In diesem jammervollen Zustande lebte dieser Mensch, von Ungeziefer, welches die Leichensection erschwerte, aufgefressen und endigte sein Leben ohne geistlichen Beistand, ohne menschliche Hilfe.

Dieser P. Prior ist dem Trunke ergeben, hat das Klostervermögen falsch fatirt und ausser Landes verschleppt, um sich sein Schicksal zu verbessern, falls das Kloster aufgehoben würde. Er verfährt hart gegen die ihm untergebenen Geistlichen und reicht ihnen kaum das Nöthige.

Die geistliche Hofcommission trug für den Prior auf sechsmonatlichen bischöflichen Arrest mit zwei Fasttagen bei Wasser und Brod und auf dessen Relegirung aus den Erbländern an.

Die Hofkanzlei fand diese Strafe zu gelinde: sie wollte nicht auf Criminaluntersuchung antragen, besonders wegen des langsamen Ganges der Geschäfte: aber die rächende Gerechtigkeit muss die auf eine so empörende Art zu Boden getretenen Rechte der Menschheit durch ein schreckbares Beispiel schützen. Sie schlug daher vor, den Prior in's Civilarrest im Lemberger Castro auf zwei Jahre zu geben und sollte er wie andere Verbrecher täglich zu seiner Erhaltung nur 4 kr. und wöchentlich einmal nur Brod mit Wasser erhalten. Nach überstandener Strafzeit soll er nicht exilirt und andern Ländern auf den Hals geschoben (welche Strafe die Kanzlei überhaupt weder dem Völker- noch dem Naturrechte angemessen fand), sondern unfähig zu allen Aemtern, auch zum Predigtamt und dem Beichtstuhl erklärt und irgend einem andern Kloster zugetheilt werden. Der Kaiser rescribirte:

„Gegen den Prior ist nach Antrag des Gubernii allsogleich die Criminalinquisition durch ein *Judicium delegatum* zu veranlassen, demselben aber zu befehlen, dass die Inquisitionsacten sammt dem gefällten Urtheil noch *ante publicationem* hieher gesendet werden sollen."

In gleicher Weise wurde von Seite einiger Geistlicher Klage wegen gesetzwidriger Handlungen im Trinitarier-Kloster zu

Lemberg am Ende des Jahres 1782 erhoben. Hier entschied der Kaiser:

„Ich begenehmige das Einraten der geistlichen Commission und dass dem Gubernio meine Zufriedenheit über seine Behandlung zu erkennen gegeben werde; jedoch hat diese Aufhebung folgendermassen zu geschehen um den wahren Eindruck zu machen, nämlich da es ganz sicher ist, dass diese Uebertretung der Befehle ein abgekartetes Spiel des ganzen Trinitarier-Ordens oder wenigstens der ganzen polnischen Provinz ist, so muss das ganze Vermögen des in Galizien vorhandenen Trinitarier-Ordens für den geistlichen *Fundum* in Beschlag genommen werden, die angezeigten Oberen müssen durch den ausgemessenen Arrest ihre besondere Strafe erhalten, nachher, sie mögen Unterthanen sein oder nicht, ausser Landes geschafft werden. Allen übrigen, seien es Priester oder Laienbrüder des Trinitarier-Ordens, aber freigestellt werden, entweder bei ihrem Bischof die Dispens anzusuchen, in andere Orden oder in den Weltpriesterstand zu treten, wo sie auch angemessene Pension bekommen werden: die andern aber, welche im Orden verbleiben wollen, müssen ohne Pension ausser Landes geschafft werden. Was die drei Geistlichen betrifft, so die Anzeige gemacht, diesen ist freizustellen, ob sie in dem Orden verbleiben wollen, wo sie alsdann sich hierher oder in andere Klöster ihres Ordens in den Erbländern verfügen könnten oder ob sie den Weltpriester- oder einen andern Mönchsstand annehmen und diesfalls die Dispens ansuchen wollen. In allen drei Fällen ist jedem die sonst ausgemessene Pension doppelt anzuweisen und dieses ganze Verfahren sammt den Ursachen, die es veranlasst haben, ist allerdings bekannt zu machen."

Am 10. October 1782 erhob die Hofkanzlei schwere Klagen gegen das Benediktinerstift Klein-Mariazell in Niederösterreich. Ein Geistlicher daselbst, Namens Cölestin, hatte sich erschossen, zwei andere, Berthold und Maurus, waren gegen einander in eine arge Schlägerei gerathen und drei Patres wurden in Folge der schlechten Behandlung blödsinnig und befanden sich noch im Kloster; jede Zucht und Ordnung mangelte. Das Stift wurde hierauf aufgehoben und mit Mölk vereinigt. Nach einer anderen Richtung hin wurde in mehreren Klöstern insbesondere im Franziskanerkloster in Wien gesündigt. Wie bekannt, wurden 1. Mai 1774, unter der Kaiserin Maria Theresia, die Bullen:

In coena domini, Unigenitus etc. nach welchen es dem Papste zustehe, Könige abzusetzen, weiter zu veröffentlichen verboten und in den Brevieren, in welchen sie sich befanden, sollten sie „verpickt" werden. In dem genannten Franziskaner-Kloster fand man jedoch mehrere Breviere, welche die bezeichnete Stelle *in festi Gregorie 7mi contra Henrici imperatoris impios conatus* etc. enthielten. Die Hofkanzlei meinte, 24. Mai 1782, man solle vorläufig mit der Bestrafung abwarten, bis man wissen wird, in welchem Kloster noch diese Bullen in den Brevieren vorhanden seien.

Der Kaiser resolvirte jedoch:

„Das Argument, warum die wider den Befehl gehandelten, überwiesenen und geständigen Mönche *ex causa justitiae distributivae* ungestraft bleiben sollen, bis alle übrigen auch vielleicht wider den Befehl Handelnden werden entdeckt befunden sein, beweist ausser diesen lateinischen Brocken nichts anderes, als dass der Referent was hinschreibt ohne zu denken. Kanzler vidirt und oberster Kanzler unterschreibt ohne zu lesen und alle drei sich nur in der Hoffnung verlassen, dass man diesen Unsinn nicht liest und sie nicht nach ihrem Werth schätzt. Man könnte also nach dem lächerlichen Argument sagen: Dieser ist ein Dieb, er ist es überwiesen und geständig, da es aber noch vermuthlich mehrere Diebe in der Monarchie gibt, so erfordert die *Justitia distributiva*, dass man selben nicht bestrafe, bis man nicht alle andern Diebe entdeckt, überwiesen und alle mitsammen auf einmal strafen kann. Den Schluss wird sich jeder selbst sagen, ich denke mir selben. Die schuldigen Franziskaner und Capuciner sind darnach anzusehen und zu bestrafen."

Wir bemerkten oben, dass Nonnen, die in die Welt treten wollten, dies auch thun konnten, wenn sie die bischöfliche Dispens erhielten. Nonnen in den Klöstern zu St. Jacob, St. Lorenz und zur Himmelspforte in Wien wollten von dieser Begünstigung Gebrauch machen. Auf einen diesbezüglichen Vortrag vom 7. October 1783 resolvirte der Kaiser:*)

---

*) Lucretia Mistuzzi kam, 15 Jahre alt, in das Nonnenkloster Venzone im Venetianischen. Sie verbrachte daselbst 20 Jahre und hatte mit Verfolgung, Neid und Hass zu kämpfen. Als sie von den Reformen des Kaisers Josef hörte, fasste sie Muth und stieg während der Nacht ganz allein über die Klostermauer und flüchtete auf österreichisches Gebiet nach Deutsch-Pontafel, wo sie nur kümmerlich von wohlthätigen Menschen lebte. (Ihr Bruder fiel in

„Es erhellt klar, dass die erste Vermuthung wegen ihres Verlangens in die Welt zu treten, gegründet war. Die Aufhebung dieser drei Klöster ist also mit aller Gelindigkeit, Mässigkeit und guter Art, die sich gegen Leute, die keines Verbrechens schuldig sind, geziemt, vorzunehmen. Die Ausstaffirungsgelder sind ihnen zu verabreichen und alle Effecten, die jede dermalen in ihrem Zimmer besitzt, sind ihnen zu belassen; ihre Kost aber ist ihnen in allen Stücken ohne mindesten Abbruch, wie sie selbe bisher genossen haben noch ferners, in so lange sie beisammen bleiben, zu verabreichen, wo sie hingegen ihre Schulen, bis sie auseinandergehen, fortzusetzen haben. Ueberdies ist der Normalschul-Direction aufzutragen, dass sie sogleich die Veranstaltung treffe, dass entweder die schon bestehenden Normalschulen die Mädchen, so bisher in diesen 3 Klöstern unterrichtet worden, übernehmen, oder im Fall sie keinen Platz dazu hätten, ein oder andere neue Normalschule errichtet werde, in welchen die besten Lehrmeisterinen aus diesen 3 Klöstern, die der Normalschul-Direction ohnehin bekannt sein müssen und welche die Mädchen auch in den weiblichen Arbeiten zugleich unterrichtet haben, angestellt werden können. Diesen will ich nebst den gewöhnlichen Pensionen zu fl. 200 noch eine Zulage von andern fl. 200 jährlich während ihres Lehramtes verwilligen und sind ihnen nachher einige Orte in der Stadt und Vorstädten zur Abhaltung dieser Schulen anzuweisen.

---

der Schlacht bei Liegnitz.) Da sie nicht in ihre Heimat zurückkehren konnte, bat sie um die kaiserliche Gnade (September 1785). Der Kaiser rescribirte hierauf: „Dieser Exnonne will ich aus besonderer Gnade täglich 12 Kreuzer bis zur Erhaltung der Dispens, welche sie der Ordnung nach nachzusuchen hat, bewilligen."

Die Ex-Chorschwester Auguste Therese Bayer beklagte sich 1788 über ihren Curator und wünschte ihre Pension selbst zu verwalten. Zur Zeit, als die Klöster aufgehoben wurden, erklärte sie die Oberin für blödsinnig; später war sie vernünftig. Hingegen gab sie sich viel mit Studenten ab und wollte allein leben, um Männern Zutritt zu gestatten. Dieses ging auch aus Briefen, die aufgefangen wurden, und aus der schriftlichen Beichte hervor. Sie wünschte daher vom Gelübde der Keuschheit freigesprochen zu werden. Der Referent in der Hofkanzlei, und der Abt von Montserrat erklärten, dass die bürgerliche Freiheit verletzt würde, wenn man allen derartigen Nonnen Curatoren geben wollte, wohl aber war es ein Unrecht, die Briefe aufzufangen und die schriftliche Beichte zu benützen. Der Kaiser entschied in diesem Sinne und die Curatel wurde aufgehoben.

Sollte es einigen von diesen sämmtlichen Klosterfrauen wegen ihrer Erklärung reuen und sie sich zu einem gemeinsamen Leben entschliessen wollen, so will ich ihnen hierzu das zu Jenbach leerstehende Kloster als einen Unterkunftsort gratis verwilligen, in welchem sie vollkommen nach ihren Ordensregeln wie jetzt leben können.

Der einzigen Klosterfrau, welche sich bestimmt erklärt hat, in dem Orden, in was immer für einem Kloster zu verbleiben, ist zu bedeuten, dass sie das von ihr ausgewählte Kloster nur anzuzeigen habe, damit für sie die Kost, soviel man für sie verlangen wird, nebst den Reisenukosten bezahlt werden können.*)

Dieses alles werden Sie sogleich durch die Behörde berichten lassen. Da aber der Staatsrath Baron Martini zur Errichtung einer Art von Conservatorium**) oder Beguinen wie in anderen Ländern, geäussert hat, so wird die geistliche Commission ihn zu einer besonderen Zusammentretung einladen, in welchem er seinen Plan bestimmter wird entwickeln können. Hiezu will ich ihm bei den dermalen aufgehobenen Klosterjungfrauen die Werbung zu seinen Fahnen überlassen und nachher die Ausführung und Direction dieses Institutes übertragen."

Wir glauben noch einen weiteren Beleg dafür geben zu sollen, wie sehr der Kaiser bei der Aufhebung der Klöster alle Umstände erwog und nicht gestattete, die festgesetzten Schranken zu durchbrechen.

Am 17. September 1785 erstattete die Hofkanzlei einen Vortrag in Betreff des Elisabethinerinen-Klosters in Wien. In demselben wurde gesagt, es herrsche daselbst Neid, Klatscherei, unbestimmte Unzufriedenheit und bei einigen, insbesondere den jüngeren Klosterfrauen, die Lust, in die Welt zu treten. „Gebrechen, die in jedem Kloster, besonders in den weiblichen, immer gefunden worden sind und ewig bestehen werden". Die Ausgaben übersteigen die Einnahmen u. s. w. Es sei daher angezeigt, das

---

*) Thomas Knauer bat, ihm das Jacober Nonnenhaus käuflich zu einem Entbindungshause zu überlassen. Er wurde abgewiesen, jedoch ward ihm gestattet, ein derartiges Institut unter der erforderlichen Polizeiaufsicht in's Leben zu rufen. — Von den Nonnen in den angeführten drei Klöstern wollten blos 13 beim Klosterleben und 41 in Wien bleiben.

**) Wie man weiss, lag dem Kaiser die Bildung des weiblichen Geschlechtes sehr am Herzen. Vergl. G. Wolf: „Das Project einer höheren Töchterschule unter Kaiser Josef II" und das Handschreiben vom 11. Jänner 1787 an Van Swieten in: „Das Unterrichtswesen unter Kaiser Josef II." S. 21.

Kloster aufzuheben, und 18 Nonnen den Wunsch, in die Welt zu treten, zu gestatten. Der Kaiser resolvirte:

„Es ist unbegreiflich und ebenso unangenehm, dass weder die Buchhalterei, noch die geistliche Commission noch auch die Kanzlei nach so klaren, von mir vorgeschriebenen und in der Natur der Sache liegenden Grundsätzen nicht denken und handeln will. Auf einen jeden, auch den einfachsten Fall, witzeln sie, und schliessen nichts systematisch, dadurch geschieht lauter Verwirrung und sie verrücken allen Untergebenen die Köpfe, da sie ihre eigenen keinen richtigen Begriffen und Sätzen unterziehen. Der angenommene Satz bestand bei allen Aufhebungen, dass kein Ordensgeistlicher, noch weniger eine Klosterfrau, da sie Clausur haben, anders von selber losgezählt werden und in die Welt gehen können, ausgenommen der ganze Orden würde aufgehoben oder dass sie durch Invalidirung ihres Gelübdes bei dem Bischof singulatim die Dispens erhalten haben. Allhier schlägt man vor, 18 missvergnügte Elisabethinerinen in die Welt, entweder mit oder ohne Pension, gehen zu lassen: letzteres ist nun ganz absurd.

Der Gedanke, dieses Kloster in *sœurs de la Charité* umzugestalten, ist, wenn man nur einen Begriff hat, was eine Klosterfrau sei, und dass man ihr ganz andere Berufsbegriffe und besonders solche zur praktischen Thätigkeit beibringen soll, eine platte Unmöglichkeit; ja sie würden alsdann den Kranken in der Stadt, zu welchen sie berufen werden, mehr zur Last, als zu Dienste sein. Es wäre also allein zweckmässig gewesen, dass, wenn dieses Kloster aus Mangel an hinreichendem Auskommen nicht mehr bestehen kann, oder wegen innerer Unruhen mehr schädlich als nützlich wird, man zwar auf dessen Aufhebung hätte denken können, aber nicht anders, als dass dessen Individuen in andere Klöster ihres Ordens in der Monarchie wären vertheilt worden, oder ihre Ausgaben durch eine geringere und blos auf das von den Stiftungen abfallende Einkommen beschränkte Zahl der Kranken vermindert oder nur die Missvergnügten allein in andere Klöster des Ordens vertheilt würden, weil der Elisabethinerinen-Orden als in meinen ertheilten Hauptgrundsätzen, für den Nächsten nutzbar und für die Kranken sorgend, sowie jene, welche den Unterricht und die Erziehung der Jugend übernehmen, als unanheblich ist bestimmt worden.

Die Vertheilung sämmtlicher dieser Klosterfrauen in andere Klöster ihres Ordens, kann aber nur darum nicht stattfinden, weil die meisten dieser Klöster nicht allein mit Individuen überhäuft sind, aber auch so schlecht in ihren Fundis dastehen, dass sie nur mit grösster Mühe sich erhalten.

Ich bin also entschlossen, um für beide Gebrechen, nämlich ihre nicht mögliche Subsistirung und die Uneinigkeit und Missvergnügen, so unter ihnen herrschen. Abhilfe zu verschaffen, die hier als missvergnügt gemeldeten 18 Klosterfrauen nach Ofen in das Franziskanerkloster in der Wasserstadt zu übersetzen, von dem Fundo des hiesigen Klosters wird diesen 18 der ohnehin zu verabreichen schuldige Unterhalt, welcher dermalen auf 50 fl. per Kopf zum Auskommen berechnet wird, jährlich zu verabreichen sein."

Heikler Natur war eine Anklage gegen die Elisabethinerinen in Brünn. Ottilie Tembin in Austerlitz machte nämlich 1785 folgende Anzeige:

Die Elisabethinerinen in Brünn feierten im Fasching während drei Tage Lustbarkeiten, zu welchen die Barmherzigen Brüder geladen waren und hätten sie mit denselben, vorzüglich mit dem Prior und Apotheker bis zum frühen Morgen getanzt; die Nonnen erschienen in Masken. Der Prior scheint mit der Oberin und den anderen Nonnen in vertraulicher Bekanntschaft zu stehen, da er das Kloster täglich 3—4mal besucht.

Die hierauf geheim vorgenommene Untersuchung ergab, dass derartige Festlichkeiten im Fasching bei den Elisabethinerinen herkömmliche Sitte waren; die Maskerade jedoch war zufällig. Der Tanz dauerte nur bis Mitternacht. Wenn der Prior und der Apotheker öfters daselbst erschienen, so geschah das in ihrer Eigenschaft als Aerzte.

Die Hofkanzlei trug an, diese Unterhaltungen zu verbieten und der Kaiser fügte hinzu: „ist dem Gubernio noch aufzutragen, davor Sorge zu tragen, damit das Elisabethiner-Kloster auch mit einem *Medico* versehen werden möge."

Der ganze Activstand des zur Zeit der Aufhebung der Klöster vorgefundenen Vermögens in sämmtlichen deutschen Kronländern betrug 17,092.130 fl. 59¾ kr., die Schulden 2,139.753 fl. 22½ kr. Es fielen daher dem Religionsfonde 14,952.377 fl. 37 kr. zu. In Böhmen wie in Tirol wurden nicht sämmtliche Realitäten und Gebäude, die Mobilien, Geräthschaften; und das Klostersilber u. zw. in Böhmen gar nicht, das Kirchensilber aber nur bei einem einzigen Kloster; in Mähren die

Realitäten, Gebäude, Mobilien, Geräthschaften, Silber, letzteres auch in Oberösterreich nicht in Anschlag gebracht. Die Realitäten wurden überhaupt nur nach der Catastraleinlage in den Inventarien angesetzt.

In Folge der Bitte des Probstes Parhammer gestattete der Kaiser mittelst Handschreiben vom 19. August 1782, dass Reliquien, die sich in den aufgehobenen Klöstern befanden, den darnach verlangenden geistlichen Gemeinden gratis ausgefolgt werden können. Für die Einfassung jedoch, wenn sie einen Werth repräsentirte, sollte bezahlt werden.*)

Da und dort kamen noch andere Fragen mit ins Spiel, wenn nämlich Kirchen ihrem ursprünglichen Zweck entzogen und zu anderen Zwecken verwendet wurden. So befanden sich in der Kirche zu Mauerbach die Gebeine Friedrich III. Als diese Kirche entweiht wurde, kamen die Gebeine in die Stefanskirche nach Wien.

Als die Karthause zu Gaming aufgehoben wurde, fand man daselbst einen Degen und einen Dolch sammt einem eisernen Schwert mit einer Degenklinge, die wie es hiess, von dem Stifter, Herzog Albrecht II., herrührten. Ferner das Chorbuch des Stifters, das mit echten Steinen besetzte Gebetbuch der Kaiserin Eleonore und Sammlungen, die von Päpsten und römischen Kaisern herstammten.

Es fragte sich, was mit diesen Dingen geschehen solle. Die Hofkanzlei meinte, 13. April 1782, dass die k. k. Bibliothek, die Schatzkammer und das Zeughaus diese „merkwürdigen Stück" übernehmen sollen, doch der Kaiser resolvirte: „alle diese Stücke sind *licitando* zu verkaufen".

In dem Karthäuser Kloster zu Gaming befanden sich der Leichnam des Stifters, Herzog Albert II., seiner Gemalin und Schwiegertochter, Tochter Kaiser Karl IV. In dem aufgehobenen Karmeliterkloster in Wien war der Leichnam der Kaiserin Eleonore, Gemalin Ferdinand II. und im königlichen Frauenkloster zu Wien jener Elisabeth's, Königin von Frankreich. Es fragte sich, was mit derartigen Gebeinen geschehen soll. Der Kaiser entschied: (Vortrag 13. Mai 1782.)

---

*) Bezüglich der Pretiosen wurde 1788 festgesetzt: Jene, die der Kirche gehören, werden als *peculium ecclesiae* betrachtet, der Betrag dafür musste in öffentlichen Fonds angelegt und auf den Namen der Kirche geschrieben werden; jene, die den Stiften gehörten, konnten zur Verminderung der Stiftszinsen verwendet werden.

„Wenn die Gaminger Kirche nicht verändert wird und eine Kirche bleibt, so sind die Leiber allda zu belassen, wo nicht, so sind sie in die nächste Pfarre in der Stille zu übertragen. Das nämliche hat auch hier zu Wien mit den vorfindigen Grabstätten bei den aufgehobenen Klöstern zu geschehen, da in der kaiserl. Gruft nicht Platz für solche Gebeine mehr ist."

Mit dem Verkaufe sämmtlicher Geräthschaften und Fahrnisse der aufgehobenen Klöster und Kirchen wurde die Witwe Schendel Dobruschka in Brünn betraut.

Es lagen nämlich in Betreff des Ankaufes der Pretiosen in den Klöstern drei Offerte vor. Schendel Dobruschka,*) die sich nachdem sie sich getauft hatte, Katharina nannte und ihr Sohn Franz Thomas v. Schönfeld in Brünn, boten 10% über den Schätzungswerth. Dominicus Hauptman & Comp. in Wien wollten Caution leisten und Gabriel Uffenheimer, bot 12% über den Schätzungswerth an. Die Hofkanzlei befürwortete 6. November 1787, die Pretiosen *licitando* zu verkaufen. Doch der Kaiser entschied: „Man wird ordentlich überdrüssig, immer noch von *Depositis* von Pretiosen zu hören und scheint es, dass man geflissentlich diesen noch kein Ende machen wolle. Die Bestimmungen sind so klar. Alles was noch in Kirchen zum currenten Gebrauch gehört, soll sogleich an die Bischöfe zur Aufbewahrung und nach gehöriger Vertheilung den Kirchen ihrer Diöcese, die es bedürfen, gegeben werden. Die Pretiosen an Gold und Silber sollen gleich zum Einschmelzen in das Münzamt abgegeben werden und endlich die Edelsteine und Perlen, um allen Reibungen auszuweichen, der Dobruschka mit Zuschlagung von 10% zum Schätzungswerth gegen baare Bezahlung und Erlaubnis, solche mauthfrei ausser Landes führen zu dürfen, überlassen werden. Der Religionsfond schützt vor, dass er bei einer Licitation mehr gewinnen könne; man bringt aber nicht in Anschlag, was die Schätzungen, das Aufsichtspersonale und die Depositoren kosten und was noch überdies hievon gestohlen wird." **)

---

*) Dobruschka bat 1787, als sie noch Jüdin war, ihr zu gestatten, auf der Kröna in Brünn ein Haus zu kaufen oder zu miethen, um galizische Juden, die die Brünner Märkte besuchen, zu beherbergen. Dieses wurde ihr und dem Juden Schimon gestattet. Das Gesuch, ihr Commissions- und Speditionshandel zu erlauben, wurde vom Kaiser, 7. Mai 1787, abgelehnt.

**) Leopold Joske (?) richtete *Promemoria* an den Kaiser (6. und 13. Feber 1788), in welchen er meldete: Die Jüdin Dobruschka habe ihn am

Als die niederösterreichische Regierung 1789 die Hausgeräthschaften des Klosters Waldsee *licitando* verkaufen wollte, wurde ihr auf Befehl des Kaisers bedeutet, ein Verzeichnis der Pretiosen und Effecten, die sich in diesem Kloster befinden, anzufertigen, welches die Commission dann ungesäumt der Dobruschka zustellen soll, damit diese wegen der Abnahme das Erforderliche vorkehre.

Selbstverständlich fand man auch in den Klöstern Wein. Der Referent, Freiherr v. Nefzer, Hofrath bei der Hofkammer, befürwortet, den Wein nur im Grossen zu verkaufen. Doch der Kaiser bemerkt: „Verwunderlich ist, dass ich im Bette*) das finden muss, was die zusammensitzenden Commissionen, die miteinander *discuriren* und *deliberiren* nicht errathen haben.

„. . . . Wenn er nicht *casus pro unico* ist, so ist nicht einzusehen, warum nicht Wein in kleinen Gebinden 10—6 oder noch weniger Einer verkauft werden sollen . . . Es scheint, dass der Hofrath Nefzer in seiner häuslichen Wirtschaft jene der geistlichen Güter zu leiten nicht gelernt hat."

Dass da und dort bei Gelegenheit der Aufhebung der Klöster ein strätliches Gebahren vorkam, ist bekannt. Wir wollen hier eines flagranten Falles gedenken. Im Jahre 1788 lief beim Kaiser eine anonyme Anzeige ein, des Inhaltes, dass das Kloster Wildon in Tirol, als es im Jahre 1782 die Fassion seines Vermögens geben sollte, einem seiner Schuldner eine Obligation über fl. 1000 zurückgegeben und geschenkt habe. Die Sache wurde untersucht und es stellte sich heraus, dass der Statthalter von Tirol, Graf Heister, dieses Geschenk erhalten hatte. Der Kaiser befahl daher, vom Grafen Heister die förmliche Verantwortung für dieses schmutzige Factum abzufordern und einstweilen Beschlag auf seine Pension zu legen. Nach gepflogener

---

6. Jänner nach Berlin zu Efraim Veitel in Angelegenheit der Klosterpretiosen geschickt und Veitel werde in Brünn eintreffen. Der Jude Isak Daniel in Berlin, Bruder der Fanny Arnstein in Wien habe sich angeboten, 15—20 Millionen für die Pretiosen zu verschaffen. Die Hofkammer lehnte dieses Anerbieten ab; da sie Veitel nicht kannte. Hierzu bemerkte der Kaiser eigenhändig: „Dies ist ohne Antwort liegen zu lassen." Wie wir hinzufügen wollen, benützte Friedrich der Grosse bei den berüchtigten Münzoperationen genannten Veitel, der das *Odium* dieser Münzverschlechterung auf sich nehmen musste. Veitel widmete später einen grossen Theil seines Vermögens gemeinnützigen und Bildungszwecken.

*) Der Kaiser war damals am Rothlaufe erkrankt.

Untersuchung behielt sich der Kaiser vor, das Weitere zu verfügen.

Wie wir in unseren „historischen Skizzen" S. 215 berichteten, war es der Wunsch des Kaisers, dass aus dem Königskloster ein Hotel garni werde, um „ansehnlichen" Fremden eine angenehme Unterkunft zu bieten.

Dem Kaiser war jedoch zu Ohren gekommen, dass der vorgefundene Kirchenschatz auf fl. 36.000 geschätzt wurde. Der Kaiser fragte daher, 26. Juni 1782, wie das möglich sei, da die Monstranze allein (angefertigt von Joh. Caspar Holbein*) fl. 50.000 wert sei. Graf Kolowrat, an den das Handschreiben gerichtet war, bestritt jedoch, dass eine Schätzung stattgefunden hätte.

Das Klostergebäude selbst war auf fl. 30.000 geschätzt. Es fand sich jedoch kein Käufer, der diese Summe geben wollte. Freiherr v. Kressel machte hierauf den Vorschlag, das Gebäude der Stadt Wien käuflich zu überlassen, die es zu einem Hôtel garni umgestalten dürfte. Der Kaiser war damit einverstanden. Eigenhändig schrieb er: „Dieses kann ohne Anstand als ein Versuch veranlasst werden". Doch das Project zerschlug sich und steht heute auf einem Theile dieses Platzes die protestantische Kirche.

Grosses Unrecht widerfuhr dem Kaiser, indem man ihn für die barbarische Art und Weise, mit welcher man da und dort in den aufgehobenen Klöstern mit den Büchern und Schriften verfuhr, verantwortlich machte. Wir haben über dieses Moment bereits berichtet.**)

Hier möchten wir noch Folgendes zufügen. Schon am 15. Jänner 1782 wurde den Länderstellen aufgetragen, bei der Aufhebung der Klöster auf die daselbst vorhandenen Documente, Handschriften und Bücher Bedacht zu nehmen und sie zu verwahren. Am 13. Mai 1782 rescribirte der Kaiser, die Bibliotheken der Klöster sollen in den Hauptstädten untergebracht und ein Catalog an die Studienhofcommission gesendet werden.

Am 8. Juni 1784 erging an sämmtliche Landesstellen eine Verordnung des Inhaltes:

---

*) Wir sind nicht in der Lage zu sagen, welche Persönlichkeit hier gemeint sei. Von den bekannten Holbeins trug keiner den Namen Caspar.

**) G. Wolf, Das Unterrichtswesen in Oesterreich unter Kaiser Josef II., S. 80 u. ff.

Alle von den aufgehobenen bischöfl. Seminarien, Priesterhäusern etc. erhaltenen Bücher sollen von den Vorstehern der Generalseminarien ordentlich verzeichnet und diese Verzeichnisse durch die Landesstelle dem theologischen Director mit dem Auftrage mitgetheilt werden, nur jene Werke zu behalten, die gut und dem Zwecke der Generalseminarien entsprechend befunden werden; hingegen sollen jene casuistischen, ascetischen und theologischen Bücher, deren Verbreitung der echten Aufklärung des Cleri und des Volkes nachtheilig ist, zuerst verstümmelt und dann als Maculatur verkauft werden.

Der letzte Passus hat es verschuldet, dass Unterbehörden aus Unverstand manchmal wertvolle Bücher als Maculatur verkauften oder vernichteten; den Kaiser jedoch trifft diesbezüglich keine Schuld.

V.

(Protestanten, nicht unierte Griechen, Juden, Deisten.)

Wie man auch heute, in der Zeit des Rechtsstaates, über die Toleranzpatente Josef II. denken mag, zur Zeit, als der Kaiser sie ertheilte, waren sie Thaten, die ruhmreich genannt zu werden verdienen.*) Wie sich auch die Verhältnisse seit jener Zeit ver-

---

*) Arneth („Maria Theresia" IV, 54) hat bereits darauf hingewiesen, dass diese Kaiserin viel härter gegen die Protestanten als ihr Vater Karl VI. war. Eigenthümlich genug, war ihre Mutter, die Kaiserin Elisabeth Christine, im protestantischen Glauben geboren und erzogen (sie war eine Prinzessin von Braunschweig-Blankenburg) die zum Katholicismus übertrat, als sie Kaiser Karl VI. heiraten sollte. (Näheres hierüber berichtet Dr. M. Landau in seiner „Geschichte Kaiser Karl's VI. als König von Spanien" S. 392 u. ff.) Nachdem dieser 1740 gestorben war, begab sich seine Gemalin nach Ungarn. Sie hinterliess fl. 311.726 Schulden, die zumeist mit 6% verzinst wurden. fl. 24.000, die sie dem Juden Alexander David in Wolfenbüttel schuldete, wurden mit 5% verzinst. — Ueber diesen Alex. David berichtet der Braunschweiger Landesrabbiner Dr. Rülf in Rahmers „israel. Wochenschrift" (1889, Nr. 52) Folgendes: Nachdem die Juden 1546 aus Braunschweig vertrieben worden waren, war genannter David der erste Jude, dem es 1707 gestattet wurde, sich daselbst dauernd niederzulassen. Als Kammeragent dreier regierender Herzöge, die in Wolfenbüttel residirten, hatte er wiederholt Veranlassung, im Auftrage seiner Fürsten nach Wien zu reisen und fand er Gunst bei der Kaiserin

ändert haben. Akatholiken bewahren dem „Schätzer der Menschheit" ein dankbares Andenken und werden es ihm wohl auch für alle Zeit bewahren.

Wie wir sofort hervorheben wollen, bedurfte es harter Kämpfe, um speciell das Toleranzpatent für die Protestanten zur Geltung zu bringen; doch der Kaiser liess sich nicht irre machen. Bereits am 13. October 1781 erschien ein Circular des Inhaltes, der Kaiser wolle, dass die Judicatur in den das Religionswesen der Akatholiken betreffenden Gegenständen der politischen Landesstelle mit Zuziehung des einen oder des anderen ihrer Pastoren geübt werde und soll nach ihren Religionsgrundsätzen entschieden werden. Es wurde denselben daher Sitz und Stimme bei den Behörden eingeräumt.

Am 22. December 1781 richtete der Kaiser folgendes Handschreiben an den obersten Kanzler, Grafen Blümegen:

„Ich habe von sicherer Hand vernommen, dass ein gewisser Advocat Nagel aus Böhmen sich hier befinden soll, welcher öffentlich erzählt, dass in Böhmen in einem Ort ein Aufstand gewesen sein solle, Religions wegen, bei welchem Geistliche und Beamte misshandelt worden. Da Mir nun von diesem nichts bekannt ist; so werden Sie ihn vorrufen lassen und erforschen, wo die Sache geschehen und wie sie sich befinde? und sollte er es nicht beweisen können, so werden Sie von ihm fordern, dass er sage, wer es ihm erzählt hat, damit ich nachhero gegen Diejenigen, welche solche Fabeln zur Welt bringen, die gehörige Ahndung zu veranlassen im Stande gesetzt werde."

Hierauf berichtete Graf Blümegen am folgenden Tage, am 23. December, der Advocat Nagel sei bereits abgereist. Er, Blümegen, liess jedoch die beiden Hofräthe v. Heincke und Margelik, die das geistliche Referat haben, zu sich kommen und diese überbrachten zwei kürzlich eingelangte Berichte des böhmischen Guberniums. In denselben heisst es, dass im Chrudimer Kreise die Akatholiken nicht nur verschiedene ärgerliche Reden

---

Elisabeth Christine. Gelegentlich einer Audienz, die sie ihm gewährte, gestattete sie ihm, sich eine Gnade zu erbitten und David erbat sich eine kunstvolle Stickerei vom Thronhimmel, um daraus einen Vorhang vor der Bundeslade in seiner Privatsynagoge in Braunschweig anfertigen zu lassen, und die Kaiserin gewährte ihm diese Bitte. Nach dem Tode Davids kam dieser Vorhang in den Besitz der Braunschweiger Synagoge und schmückt er noch jetzt an hohen Festtagen das Gotteshaus.

gehalten, sondern auch durch Verstümmelung einer Statue des heiligen Johannes sich sträflich gemacht. Ein gewisser Hlawka sagte, es werde eine Commission kommen und dort, wo ein Katholischer wohnt, werde ein schwarzes K aufgeschrieben und wenn dann die zweite Commission erfolgen wird, so werden da, wo ein schwarzes K stehet, alle Katholiken enthauptet werden.

Es sei daher höchst nothwendig, fügte Blümegen hinzu, diesen Ruhestörungen vorzubeugen, und werde ein Hauptgutachten folgen.

Der Kaiser bemerkte zu diesem Berichte:

„Nicht anderst als höchst befremdlich habe Ich aus dieser Ihrer Note die schreckbare Verfassung, in der sich die Ihnen untergebene böhmische und österr. Hofkanzlei befindet, ersehen. Den 15. December ist ein Bericht hier angekommen, den 18. der andere und den 23., nämlich heute, wussten Sie und Ich kein Wort davon, auch würde Ich es vielleicht noch lange nicht erfahren haben, wenn die allgemeinen Reden in den Caffeehäusern Mir endlich diese Nachrichten nicht hätten zukommen machen. Es scheint, dass man die Sache geflissentlich will in eine Verwirrung bringen *), um sodann seinen Gesinnungen nachkommen zu können.

Sie werden Mir also für jetzo das Nöthige heraufgeben und für das Künftige eine solche Einleitung treffen, dass Sie von allen einkommenden Berichten täglich die Nachricht und Ich sodann gleich die Anzeige erhalte. Ueberhaupt aber darob sein, dass in solchen Angelegenheiten sich nicht an den ordinären Schlendrian gehalten, sondern auf die Erheblichkeit der Sache gesehen und Mir sodann unverzüglich und zwar zu allen Stunden die Meldung davon gemacht werde."

Noch am 23. December erstattete Blümegen Bericht. Er befürwortete, in einem Patente kund zu machen, wie sehr es der Kaiser missfällig aufgenommen habe, dass man seine Gesinnungen missdeutet und sogar gegen die herrschende katholische Religion in Lästerungen ausbricht. Derartige Schuldtragende sollen hart bestraft werden. Da die Protestantischen ihre Glaubensgenossen aufsuchen, weil sie streben, 100 Familien zusammen zu sein, damit sie ein Bethaus errichten können, so wäre es ange-

---

*) Die Hofkanzlei war nämlich gegen die Erlassung des Toleranzpatentes (vergl. G. Wolf: Die Verhältnisse der Protestanten etc. in Raumer-Riehl's historischem Taschenbuch, 5. Folge, 8. Jahrg., S. 160).

messen, Hausväter und Mütter zu fragen, zu welcher Religion sie sich bekennen wollen, und soll gestattet werden, diese Erklärung bis zum 1. März 1782 abzugeben. Nach diesem Termine aber soll der Uebertritt zur protestantischen Religion verboten sein und derartige Proselyten mit Einziehung des Vermögens, wie dies in Ungarn etc. der Fall ist, bestraft werden. Schliesslich soll auch die Einschleppung protestantischer Bücher verboten und die für Protestanten nöthigen Bücher im Inlande gedruckt werden, wobei auch das Geld im Inlande bliebe.

Der Kaiser jedoch sprach sich gegen die Publicirung eines Patentes aus, da die Unruhen nur an einigen wenigen Orten vorkamen; man könnte dadurch nur zu etwaigen schädlichen Folgen Anlass geben. Um die Unruhen in möglichster Stille zu dämpfen, müssen die Behörden genau instruirt werden, was sie zu thun und dem Volke zu befehlen haben, nämlich:

1. Sobald Unruhen ausbrechen, müssen die Akatholiken darauf aufmerksam gemacht werden, dass sie sich genau nach dem Toleranzpatente zu verhalten haben. Sie dürfen sich daher weder in dem einen und noch weniger in einem anderen Orte aufsuchen. Wer sich zu einer anderen als zur katholischen Religion bekennen will, hat dies beim Magistrate oder dem Kreisamte, jedoch ohne Beiziehung des Pfarrers, schriftlich zu melden. Das Kreisamt hat dem Gubernium darüber Bericht zu erstatten und, wenn die nöthige Anzahl von Familien vorhanden ist, so kann denselben ein Bethaus und ein Geistlicher ihrer Religion gestattet werden.

2. So wie den Akatholischen ihr Gewissen und Glaube freigestellt wird, so dürfen sie auch nicht ihre katholischen Mitbürger, Eheweiber oder Männer, Kinder oder Gesind zu ihrer Religion durch Drohungen oder Verachtung zwingen oder anhalten.

3. Noch weniger dürfen sie Schmähungen oder Thätlichkeiten ausüben und den Gottesdienst einer anderen Religion schmähen oder sich gar an Kirchenbildern, Statuen etc. vergreifen, da sie sonst nicht wegen des Glaubens, sondern als Störer der öffentlichen Ruhe und weil sie selbst auf die ungerechteste Art Gewissenszwang ausüben wollen, schärfstens bestraft werden.

4. Sollen sie sich in Wirtshäusern etc. von allen Religionsgesprächen, insbesondere aber von Schmähungen enthalten, da sie sonst unnachsichtlich gestraft werden.

5. Sowie hingegen die katholischen Unterthanen ihren irrehden Brüdern alle Liebe und Gewogenheit bezeigen mögen, sollen sie sich ebenfalls von allen Streitigkeiten über den Glauben, folglich auch umsomehr von Schmähungen und Thätlichkeiten unter eben solcher Bestrafung enthalten.

Diese Anordnung haben sich die Gubernia etc. wohl vor Augen zu halten und sie bei jeder sich ergebenden Gelegenheit den Unterthanen als einen höchsten landesfürstlichen Befehl, jedoch ohne allen Zusatz oder Hinweglassung kund zu machen und die Dorfrichter und Wirtshausinhaber darnach zu instruiren. Sie müssen aber dabei

1. keinen Hass oder Abneigung gegen jene Unterthanen zeigen, die sich sonst ruhig verhalten und sich allein zu einer anderen Religion bekennen; noch weniger aber in Strafen wegen sonstiger Vergehen hierwegen einen Unterschied machen, vielmehr ihnen mit Sanftmut und Liebe begegnen.

2. Wenn die akatholischen Unterthanen zusammenkommen, um ihre Gebete zu verrichten oder zu lesen, und wenn sie sich sonst ruhig verhalten, soll man sie gar nicht stören, und dies noch weniger, wenn solches zu der Stunde, wenn die Katholiken ihren Gottesdienst haben, geschieht.

3. Wenn wegen Thätlichkeiten, Schmähungen etc. eine Strafe verhängt wird, ist dem Verurtheilten allemal deutlich und klar zu sagen, warum es geschehe und dass es keineswegs ihres Glaubens wegen sei; dabei ist auch genau zu beobachten, dass, wenn zugleich Katholische den Anlass gegeben haben oder in derlei unruhigen Betragen verflochten sind, sie ebenfalls unnachsichtlich bestraft werden sollen.

Die Geistlichkeit hat sich von allen Controversen und Schmähungen auf der Kanzel, bei der Christenlehre und im Umgang zu enthalten, nur die Lehre Jesu Christi und der katholischen Kirche auszulegen, ihre Gründlichkeit und Nutzbarkeit ohne Stichelei auf Glaubensgegner darzuthun; die Religion, die Sittenlehre mehr den Menschen einzuprägen und anzuempfehlen, als Gelehrsamkeit und theologische Zwistigkeit dem sie nicht begreifen-könnenden Volke auszukramen, als im widrigen sie der gehörigen Ahndung nicht entgehen würden, welches ihr durch die Ordinarios und Landesstellen zu bedeuten ist.

Von der Bestimmung eines *termini praeclusivi* zur Erklärung der Unterthanen, zu was für einer Religion sie sich bekennen wollen, hat es gänzlich abzukommen, da man nur diejenigen, welche im Herzen allezeit und in der That protestantisch waren, zu Hintanhaltung der so schändlichen Heuchelei sich zu erklären gestattet, nicht aber an das ganze Landvolk und sozusagen an Jedermann die Frage zu machen scheine, ob er katholisch oder protestantisch sein wolle, welches durch einen *terminum praeclusivum* entstünde. Wegen der Bücher ist sich an die neuen vorgeschriebenen Censurregeln und Vorschriften, so viel deren Einschleppung betrifft, inzwischen genau zu halten.

So viel den gegenwärtigen Fall insbesondere betrifft, so sind die hier genannten Rädelsführer, die sich mit Reden oder Thätlichkeiten vergangen haben, zuerst *libero pede* zu constituiren und wenn sie ordentlich überwiesen sind, erst im Arrest zu behalten, auch die gesammten Acten hieher zur weitern, für's Künftige zur Richtschnur dienenden Schlussfassung zu schicken.

Es soll getrachtet werden, dass es den Gemeinden, die sich für den Akatholicismus erklären, an tüchtigen bescheidenen und rechtschaffenen Geistlichen nicht gebreche und dass durch dieselben der Sinn für die christliche Toleranz mit der gehörigen Bescheidenheit ebenfalls erklärt und wohl eingeprägt werden soll.

Uebrigens hat man in diesem Falle ersehen, dass die Verfassung der böhmisch-österreichischen Hofkanzlei wirklich vitios ist, und wird also die Einleitung zu treffen sein, dass alltäglich vom *Protocollo exhibitorum* alles was nur eingekommen, dem Oberist Kanzler der kurze Elenchus überreicht werde, damit dieser täglich alles einsieht, was bei der Stelle einkommt, um das wichtigere von dem weniger wichtigeren zu unterscheiden, welches ihm allein das Mittel verschafft, seine Stelle gehörig leiten zu können."

Ein ähnliches Handschreiben in Betreff Ungarns fanden wir in Abschrift im Resolutionsbuche im Archive des Ministeriums des Innern. Es ist datirt 22. Juli 1782; es ist aber nicht angegeben, an wen es gerichtet war; wir glauben jedoch, es hier folgen zu lassen.

„Es ist Mir von Seite der ungarischen Kanzlei die Anzeige geschehen, dass in dem Trentschiner Comitat mehrere Katholiken von dem Glauben abfallen und hierzu durch den Wsetiner Pastor in Mähren vornehmlich verleitet werden, da dieser theils selbst, theils durch die von ihm verwendeten Emissärs sich verschiedener Anlockungen, sonderheitlich aber der Verheissungen bedienen, dass bis auf das Johannisfest jedem die willkürliche Auswahl der Religionsübung freistehe, sodann aber jeder bei der gewählten Religion verbleiben müsse und den zur katholischen Religion sich bekennenden dieses durch ein Brandmal auf der Stirne aufgedrückt werden würde. Nicht minder soll ein mährischer Unterthan von Szemisch, Namens Georg Szevecsek, sich in Gesellschaft eines ungarischen Bauers, Namens Helde von Silz, aus dem gedachten Trentschiner Comitate erkühnt haben, der sehr bedenklichen Ausdrücke sich öffentlich zu gebrauchen, dass, wenn sich die Akatholiken bei den ihnen zugestandenen Freiheiten ferners zu schützen unterlassen, selbe in einen förmlichen Aufruhr ausbrechen würden. Dann soll der Andreas Sepaczek in Ungarn mit Berufung auf den Szevecsek aussagen, dass ein Decret zum Vortheil der Akatholiken dahin ergangen sei, dass nach dem Johannisfeste alle sich zur akatholischen Religion bekennenden von Steuern und Gaben befreit werden würden und dass für die Auswirkung dieses Decretes eine Barschaft von fl. 8000 hätte verwendet werden müssen. Da nun derlei auf die Störung der allgemeinen Ruhe abzielende Ausstreuungen nicht mit gleichgiltigen Augen angesehen werden können und es allerdings nothwendig ist, derlei Frevler, wenn sie dieses Verbrechens geständig oder überwiesen sind, mit einer erspiegelnden Strafe zu belegen, so werden Sie einverständlich mit der ungarischen Kanzlei die Veranstaltung treffen, dass die oben beschuldigten beiden Individuen über die ihnen zur Last gelegten *Imputata* durch die Behörde ordentlich, jedoch *libero pede* constituirt, selbe mit den gegen sie aufgeführten Zeugen rechtsbehörig confrontirt und nur in jedem Fall, wenn wirklich sehr gravirende Umstände gegen sie vorkämen, mit Arrest belegt, der eigentliche Befund aber und mit was für einer Strafe sie allenfalls, wenn sie wirklich schuldig befunden worden, anzusehen wären, anhero angezeigt werde.

Die ungarische Kanzlei hat in Rücksicht der in Ungarn sich aufhaltenden Beinzichtigten von Mir unter Einem einen gleichen Auftrag erhalten und werden Sie sodann, wenn das aufgenommene Constitutum aus Mähren angelangt sein wird, solches gedachter ungarischer Kanzlei mittheilen und einverständlich mit derselben Mir das gemeinschaftliche Gutachten vorlegen."

Am 13. Jänner 1782 erschien hierauf die Verordnung, dass das *Crimen apostasiae* und die damit verbundene *actio fiscalis* nicht mehr stattfinden, wohl aber kann versucht werden, einen von der katholischen Religion abgefallenen, in einem geistlichen Ort oder Haus durch eine Zeit von 4 oder 6 Wochen mittelst eines gelinden, sanftmüthigen der Religion angemessenen Unterrichtes von seinen Irrthümern zurückzubringen und hat daher gegen einen solchen Unglücklichen die Anwendung aller Zwangsmittel von Stockstreichen, Arrest, öffentlicher Arbeit und anderen Strafen gänzlich zu unterbleiben. Die Verführer jedoch sollen bestraft werden.

Am 20. April 1782 resolvirte jedoch der Kaiser auf Grund eines Vortrages der Hofkanzlei: „Der Landeshauptmannschaft (in Kärnten*) ist eingeratener Massen zu bedeuten, dass es dermalen einem jeden freistehe, sich entweder zu der dominanten oder einer der tolerirten Religionen zu bekennen, mithin derzeit das *Crimen apostasiae* nicht platzgreife." Hier ist von weiteren Mitteln, die Abgefallenen zurückzuführen, nicht die Rede.

Es bedurfte jedoch wiederholter Ermahnungen, keine falschen Gerüchte über die Absichten des Kaisers in Betreff des Protestantenpatentes zu verbreiten. So erschien am 26. April 1782 ein Circular, in welchem die ausgestreuten Gerüchte, als wollte der Kaiser den Abfall vom Katholicismus befördern und den Renegaten Vortheile gewähren, dass es überhaupt nicht erforderlich sei, sich zu einer tolerirten Religion zu bekennen u. s. w., als unwahr erklärt wurden. Der Kaiser, heisst es in diesem Circulare weiter, wolle die Aufrechthaltung der katholischen Religion, doch solle kein Zwang angewendet und nur durch nützliche Aufklärung und gutes Beispiel gewirkt werden.

Wie sehr es übrigens dem Kaiser darum zu thun war, die katholische Religion zu fördern und ihr durch die den Protestanten gewährte Toleranz keinen Schaden zuzufügen, geht aus

---

*) In Ober- und Mittelkärnten erklärten sich 1782 (Vortrag der Hofkanzlei vom 19. Juli) 8149, im Landgericht Paternion und im Burgfrieden Kellerberg 1290 Personen als Akatholiken. Der Kaiser bemerkte zu diesem Vortrage: „Die Unterthanen sind zur Haltung eines Pastors und Errichtung eines Bethauses nicht zu zwingen, sondern ihnen frei zu lassen und wenn sie es verlangen und thun wollen, ihnen nichts, von wem es immer sei, in den Weg zu legen, sondern allen Beistand zu leisten." — Im Hausruckviertel erklärten sich Nov. 1784 2114 Personen, ohne Kinder, für die evangelische Religion und legten sie die diesbezügliche Prüfung ab. Nach einem Berichte des Grafen Alexander v. Engel, Bischofs von Leoben, vom 2. Jänner 1788 bekannten sich seit der Bekanntmachung des Toleranzpatentes in Salzburg, Oberösterreich und Kärnten gegen 3000 Seelen zur Augsburger Confession.

Folgendem hervor: Propst Schulstein*) war Dechant in der Kirche bei allen Heiligen in Prag (diese Stelle trug jährlich beiläufig 1900 fl. und bezog er überdies für seine Thätigkeit im Damenstifte jährlich 400 fl.); zudem aber war er Propst am Welehrad und bezog als solcher jährlich 2700 fl. Als der Kaiser hiervon in einem Vortrage vom 14. Februar 1782 verständigt wurde, rescribirte er: „Bei diesen Umständen hat Schulstein von diesen zwei Beneficiis, da ich deren Anhäufung als unschicksam ansehe, eines zu wählen und will ich das andere einstweilen vacant lassen, um denjenigen Geistlichen damit zu begnadigen, der sich anjetzt bei der publicirten Toleranz am vernünftigsten benehmen und am mehrsten irrige Seelen zum wahren Glauben führen und in selbem die Wankenden stärken und bestens belehren wird. Dieses wird also in Böhmen und Mähren kund zu machen sein, damit sich jeder nebst seiner Schuldigkeit auch darum beeifere."

Am 16. März legte hierauf die Hofkanzlei den Entwurf dieser Publication dem Kaiser vor, welcher folgenden Passus einschaltete: „Durch apostolische Mittel, Sanftmuth und Belehrung die meisten Irrigen auf den rechten Weg zurückleiten wird."

Als Beispiel für masslose Uebergriffe von Seite einzelner Protestanten führen wir Folgendes an:

Am 20. November 1781 riss Franz Mauczka, Bradschitzer Richter, nicht nur in seiner eigenen, sondern auch in der Wohnung des Josef Kohaut alle Bilder sammt dem vor dem Hause des Kohaut gehangenen Crucifixe herab, zerschlug sie und warf sie in den Ofen. Hierüber zur Verantwortung gezogen, redete er sich dahin aus, er sei betrunken gewesen; man übergab ihn jedoch dem Halsgerichte.

Zu diesem Berichte vom 11. Jänner 1782 bemerkte der Kaiser:

„Es ist wiederum gefehlt worden, dass man die Sache zu einer Criminaluntersuchung gewendet hat und Aufsehen und Weitwendigkeit dadurch erregt, derweil als durch die eigene Aussage dieses Menschen und die Beschuldigung der Trunkenheit das Wirtschafts- oder Kreisamt ihn nur mit einer Polizeistrafe belegen und der ganzen Sache ein Ende hätte machen sollen. Die Kanzlei wird also das Gubernium und durch selbes die

---

*) Es ist dies der bekannte Schulfreund und Pädagog Kindermann Ritter von Schulstein, der als Pfarrer zu Kaplitz daselbst eine Schule begründete. 1790 wurde er Bischof zu Königgrätz.

Kreisämter und Beamten instruiren und meine schon öfters geäusserten Gesinnungen denselben erklären, da ich fest entschlossen bin, gegen die Dawiderhandelnden in dieser wichtigen Angelegenheit mit grösster Strenge zu Werke zu gehen, weil es viel zu wichtig ist, als dass das Mindeste versäumt oder Gelegenheit zu falschen Begriffen dem Unterthan gegeben werden."

Am 6. Februar wurde hierauf der Instructionsaufsatz an die Kreisämter in Böhmen dem Kaiser vorgelegt, zu welchem er bemerkte:

„Nur muss der Artikel wegen der Proselitenmacher nicht unter dieser Benamsung, sondern als Störer der Ruhe scharf gegen sie zu verfahren der Auftrag verbleiben."

Nicht übergehen wollen wir folgendes Moment: Katholiken, die zum Protestantismus übertreten wollten, mussten einen sechswöchentlichen Religionsunterricht erhalten. Wenn der Neophyt während dieses Zeitraumes sich in *articulo mortis* befand, so durfte er keinen Pastor bei sich sehen und wenn er starb, nicht als Akatholik begraben werden (Verordnung vom 3. Juli 1783).

Hingegen durfte man es stillschweigend geschehen lassen (resolvirter Vortrag vom 25. September 1783), wenn Katholiken zu dem Baue protestantischer Kirchen beitrugen (die Hofkanzlei hatte angetragen, ein derartiges Vorgehen ausdrücklich zu verbieten).

Am 13. Mai 1782 erschien die Hofverordnung, dass Akatholiken von allen Beiträgen für die Katholischen befreit sind. In einem Vortrage der Hofkanzlei vom 9. December 1783 heisst es jedoch: „So schwer es auch ist, dass die Akatholiken verhalten werden sollen, ihren ehemaligen katholischen Pfarrern noch forthin Holz zu führen, Schnittarbeiten u. dergl., zu leisten, Eier, Schmalz, Butter etc. zu reichen, so kann ihnen doch, so lange die katholischen Pfarrer nicht auf eine andere Art besser dotirt sein werden, unsoweniger geholfen werden, als bei dem materiellen und leichtsinnigen Volke die Erleichterung und Verminderung der Abgabe ein neuer Beweggrund zum Abfall sein könnte" und der Kaiser genehmigte diesen Antrag. Hingegen wurden akatholische Gemeinden von den Wetterläutengebühren an den katholischen Schullehrer, der mit diesem Amte in früherer Zeit betraut war, befreit, wenn sie ihre Kinder in eigene Schulen schickten (Hofdecret vom 28. Mai 1788).

Im Jahre 1783 baten die helvetischen Pastoren in Böhmen, behufs Beerdigung ihrer Glaubensgenossen besondere Friedhöfe zu errichten.

Das Gubernium hielt die Erfüllung dieser Bitte für überflüssig, da durch besondere Friedhöfe nur Kosten verursacht werden; die Hofkanzlei jedoch fand diesen Wunsch unbedenklich, falls die Helvetischen den Gottesacker auf eigene Kosten herstellen. Der Kaiser schloss sich dieser Ansicht an (resolvirter Vortrag vom 7. November 1783)*).

Wir haben bisher mehr über die äusseren Verhältnisse der Protestanten in der ersten Zeit, nachdem das Toleranzpatent erschienen war, gesprochen. Wir wollen nun auch einige interne Momente berühren.

Am 29. März 1782 ertheilte der Kaiser, nachdem schon früher über den Gegenstand verhandelt wurde, der Hofkanzlei den Auftrag, sich zu erkundigen, wie es in Ehedispenssachen in anderen protestantischen Ländern gehalten wird, und in gleicher Weise sollen auch die Protestanten in Oesterreich in „schlechterdings Dispenssachen" behandelt werden.

Die diesfälligen Berichte des österreichischen Gesandten in Berlin, Freiherrn v. Reviczky, und des österreichischen Ministers am chursächsischen Hofe, v. Metzburg, ergaben, dass die Grundsätze, nach welchen in Preussen und Sachsen vorgegangen wurde, verschieden waren. Die Hofkanzlei entschied sich für die sächsischen, weil das Berliner Consistorium dem sächsischen und dem Reichsconsistorium verdächtig war. Der Kaiser jedoch entschied, es sei sich simpliciter an die Cynosur des Berliner Consistoriums zu halten und das Gleiche sei in Betreff der Ehescheidung zu beobachten.

Am 21. Mai 1782 übersendete der Kaiser der Kanzlei Scheidemantel's: „Allgemeines Kirchenrecht beider evangelischen Confessionen in Polen und Lithauen" (Warschau, 1780) mit Anmerkungen von Riedel, damals Privatvorleser des Fürsten Kaunitz,

---

*) Bei dieser Gelegenheit wollen wir einer Resolution des Kaisers Franz vom 21. November 1804 gedenken, welche lautet: „Da die Staatsverwaltung bei Einführung der Toleranz die Verbindlichkeit, den Unterhalt der protestantischen Seelsorger aus dem öffentlichen Schatze zu bestreiten, keineswegs auf sich genommen hat; sondern dieser Unterhalt den Gemeinden, für welche die Pastoren berufen werden, sind auferlegt und von ihnen übernommen worden ist, so will Ich, dass sich an diesen Grundsatz fest gehalten und die Gemeinden zur Entrichtung der übernommenen Beiträge mit Nachdruck verhalten werden. Mein Aerarium kann Ich bei gegenwärtigen Umständen diesfalls mit einer neuen Last nicht beschweren lassen." (Die finanzielle Lage des Staates war thatsächlich zu jener Zeit eine sehr arge.)

zu dem Zwecke, ein Gutachten zu erstatten, ob dieses Buch nicht in den deutschen Erblanden gebraucht werden könnte.

Am 26. Mai 1782 erstattete die Kanzlei folgenden Bericht:

Die Zahl der beiden evangelischen Confessionen in den böhmisch-österreichischen Erblanden dürfte 30.000 Seelen sein. Es wäre daher wünschenswerth, wenn sie eine ordentliche Kirchenverfassung hätten.

Die Hofkanzlei theilte die Ansicht Riedel's, dass ein Seminar zur Heranbildung geschickter und brauchbarer protestantischer Prediger errichtet werde. Für die protestantischen Bibeln, Gesangbücher etc. sei ein eigener unparteiischer Censor zu bestellen. Die Einfuhr derartiger Bücher von auswärts sei zu verbieten und ein eigener Bücherverlag zu errichten, dessen Nutzen zur Gründung des genannten Seminars verwendet werden soll.

Die Resolution des Kaisers lautete:

„Da die Calvinisten und Lutheraner in ihren Religionsgrundsätzen bekanntermaassen sehr verschieden sind, so kann für beide diese Religionen nicht ein und das nämliche Kirchenrecht bestimmt, sondern es muss für jede ein ihrer Religion angemessenes Kirchenrecht zusammengetragen, auch für jeden Theil dieser Religionsverwandten eigene Consistoria in den deutschen Erblanden errichtet werden. Da nun sowohl in Hungarn und Siebenbürgen bereits wohlbestellte Consistoria für die Reformirten, dann für die Evangelischen eines in Teschen vorhanden ist, so hat die Kanzlei das für Polen eingeführte Kirchenrecht durch die Behörden einem reformirten Consistorio in Siebenbürgen, dann den Teschnischen Evangelischen mitzutheilen, auf dass sie aus ihrer eigenen Verfassung und aus diesem Buch ein Kirchenrecht zusammensetzen sollen, so wie es die Grundsätze ihrer Religion und das Wohl ihrer Glaubensgenossen erfordert. Nur muss hiebei vorzüglich darauf die Rücksicht genommen werden, womit man sich dem gemeinsamen Grundsatze der im Reiche befindlichen Religionsverwandten so viel als es nur immer die Verfassung der betreffenden Länder zulässt, nähere und dadurch den besorglichen vielerlei Rücksicht bedenklichen Vorwurf entferne, als ob die hiesigen Tolerirten mit jenen im Reiche in Glaubenssachen nicht wesentlich übereinstimmten. Mit dem Verbot der Einfuhr auswärtiger lutherischer und reformirter Kirchen- und Gesangbücher kann insolange nicht vorgegangen werden, als bis erwiesen ist, dass man innerhalb des Landes selbst die Erfordernis zu verschaffen im Stande ist." *)

Am 16. Mai 1785 erfolgte dann die weitere Resolution: „Meine Absicht geht nicht dahin, für die Reformirten und Lutheraner zusammen nur ein und das nämliche Kirchenrecht festzusetzen, wohl aber, dass eine jede dieser Religionen in allen Meinen Staaten ihr eigenes und gleichförmiges Kirchenrecht habe, so wie ein gleiches auch in den preussischen und sächsischen Ländern eingeführt ist."

Schon im Jahre 1782 wendete sich der Bischof von Gurk, Josef II. Fürst von Auersperg, mit einer Vorstellung in Angelegenheit der Protestanten an die Hofkanzlei.

Er meinte, dass bei den wenigsten der Uebertritt von der katholischen zur protestantischen Religion aus innerer Ueberzeugung hervorgehe; dies geschehe vielmehr blos aus Abneigung gegen die katholische Geistlichkeit, aus Unwissenheit, Hoffnung auf sinnliche Freiheit etc. Er wolle diese Ueberläufer nicht als Ketzer betrachten, da sie wider die katholische Lehre entweder gar nichts oder nur Nebensachen einzuwenden haben.

Zur Besserung dieser Verhältnisse schlug er vor:

1. Sanftmuth und Mässigung der Geistlichkeit, die durch ihren Uebereifer dem Katholicismus sehr geschadet habe.

2. Vertheilung gut katholischer Gebet-, Sing- und Lesebücher und wären zu diesem Zweck 50.000 fl. von der Religionscasse zu leisten.

3. Hingegen soll man die skommatischen Bücher, die sich in den Händen der Protestanten befinden, wegschaffen.

4. Anstellung gut katholischer Schulmeister in den mit Protestanten vermischten Pfarreien, um die Unwissenheit und den von ihr abstammenden Irrglauben auszurotten.

---

*) In der Prager Zeitung wurden verschiedene Gebet- und Andachtsbücher in böhmischer Sprache zum Gebrauche der tolerirten Religionsangehörigen angekündigt. Man besorgte, dass diese grösstentheils sehr guten Bücher mehrere Katholiken zum Abfalle von der katholischen Religion verleiten könnten. Die Hofkanzlei trug daher an (9. Aug. 1782), sofort einige der besseren katholischen Gebet- und Andachtsbücher in die böhmische Sprache übersetzen zu lassen, da es hieran gänzlich mangelte, sie in Druck zu legen und unverzüglich in jene Gegenden, wo sich Akatholiken befinden, an Katholiken zu verschenken. Die diesbezügliche Auswahl wäre dem Bischof von Königgrätz, Hay, zu überlassen. Doch der Kaiser reskribirte: „Es ist sich in diese Sache von Seite des Politici gar nicht zu mengen und diesfalls alles lediglich der geistlichen Behörde zu überlassen."

5. Aufhebung des Fastengebotes bezüglich der Fleischspeisen zu Gunsten der Dienstboten, die bei Protestanten sind, und Gestattung der Communion unter beiden Gestalten.

6. Bestimmung einer peremptorischen Frist, binnen welcher jene, die Protestanten sein wollen, sich als solche zu erklären hätten, und wenn diese Frist verstrichen ist, jene, die diese Erklärung nicht abgegeben haben, für katholisch angesehen werden sollten.

Die Hofkanzlei sprach sich hierüber im Vortrage vom 23. December 1782 in folgender Weise aus:

ad 1 stimmte sie bei.

ad 2 beklagte sie, dass der katholische Clerus überhaupt beflissen war, ungereimte und anstössige Gebet- und Gesangbücher zu verbreiten. Hätte man dem Volke Bücher gegeben, welche mit den Vernunft- und Religionsgrundsätzen übereinstimmen, so wäre es überhaupt nicht so weit gekommen. Sie befürwortete übrigens blos, dass die Bücher um einen billigen Preis, aber nicht ganz unentgeltlich verabfolgt werden.

Sie sprach sich gegen den Punkt 3 aus, da man dadurch nur die ehemals bestandenen äusserst gehässigen Haussuchungen einführen würde. Nur wenn derartige Bücher zum Vorscheine kommen, könnte man sie nach den bestehenden Censurvorschriften ausser Gebrauch setzen.

ad 4. Da dem Normalschulfonde ergiebige Zuflüsse zugewendet werden sollen, so wird man den Schulmeistern bessere Gehalte geben können und wird in der Lage sein, tauglichere Subjecte zu gewinnen, und „eine Anstalt, welche freilich eine der nothwendigsten und die Grundlage aller anderen ist", in's Leben rufen.

Sie war gegen den Vorschlag Punkt 5, denn das würde nur Aergernis erregen.

Punkt 6 steht mit kais. Rescripten in Widerspruch.

Der Kaiser genehmigte 1, 2, 3 und 4; 5 kann dem Bischof freigelassen werden, in einzelnen Fällen zu dispensiren.

ad 6 findet das Crimen apostasiae nicht mehr statt.

Noch bei Lebzeiten Josef's beklagten sich die Protestanten in Böhmen, dass sie noch immer den katholischen Geistlichen Stolagebühren entrichten und auf eigene Kosten Schulen- und Bethäuser erhalten müssen.

Dieses Gesuch wurde erst nach dem Tode Josef's erledigt. Die Hofkanzlei äusserte sich in einem Vortrage vom 24. Juni 1790, wie folgt: Diese Zustände bestehen deshalb, weil der Protestantismus eben nicht die herrschende Religion sei. „Seine höchstselige Majestät nahmen es zum Grundsatze an, dass man diesen Leuten die Ausübung ihrer Religion nicht eigentlich erleichtern sollte und dass die Erschwerung derselben und die Vervielfältigung der damit verbundenen Auslagen vielleicht das einzige Mittel sein könnte, die damals so zahlreich gewordenen Uebertretungen zu akatholischen Religionen zu beschränken... Desshalb mussten auch die Akatholiken wieder Zehnt und Stolgebühren bezahlen." In ähnlicher Weise habe sich der Kaiser auch wiederholt in den Rathssitzungen der vereinigten Hofkanzlei, welchen er beiwohnte (bekanntlich erschien der Kaiser oft bei diesen Berathungen) geäussert.

Kaiser Leopold genehmigte diesen abfälligen Bescheid.*)

Um die Räumlichkeiten für Schulen und Gotteshäuser zu beschaffen (da und dort wurde von den Pastoren in Scheunen gepredigt, da kein anderes Local vorhanden war), wurde in Folge eines Vortrages der Hofkanzlei vom 22. Februar 1782 den akatholischen Gemeinden gestattet, zur Erbauung von Schul-

---

*) Wir wollen hier einige Entscheidungen in Betreff der Protestanten aus späterer Zeit beifügen:

Ein protestantischer Handwerker wurde 1806 zum Schein katholisch, um das Meisterrecht zu erlangen. Er blieb jedoch Protestant und liess auch seine Kinder protestantisch taufen. Es erschien hierauf 14. Mai 1807 ein Circular des Inhaltes, dass Protestanten, die katholisch werden, nicht mehr protestantische Bethäuser besuchen dürfen. Ferner wurde neuerdings angeordnet, dass Uebertritte genau den Kreisämtern gemeldet werden.

Im Jahre 1817 baten die Consistorien Augsburger und Helvetischer Confession, die Feier des Säcularfestes der Reformation (am 31. October) begehen zu dürfen. Unter Anderem beriefen sie sich darauf, dass im Jahre 1717 dieser Tag feierlich in der dänischen Gesandtschaftscapelle begangen wurde. Dieses Gesuch wurde genehmigt. (Ueber die dreihundertjährige Säcularfeier des Todestages Luther's im Jahre 1846, vergl. G. Wolf, Historische Skizzen, S. 133.)

Am 31. März 1818 richtete Kaiser Franz an den niederösterreichischen Regierungspräsidenten (jetzt Statthalter) Grafen von Saurau ein Handschreiben, in welchem es heisst: „... Da aber der bestehenden Uebung gemäss, die Religion bei Aufnahme in die vom Staate dotirten Erziehungshäuser nur insoweit bei Akatholiken berücksichtigt wird, dass die Eltern von nicht katholischen Kindern befragt werden, ob sie selbe in der katholischen Religion erziehen lassen wollen, wo sodann, wenn sie hierzu ihre Einwilligung geben, die Vormerkung und Aufnahme, wenn sonst keine Anstände obwalten und sie hierzu die geeignetsten sind, wie gewöhnlich vor sich gehen kann", so gilt dieses auch für das hiesige Taubstummeninstitut.

und Bethäusern und zur Unterhaltung der Pastoren auch im Auslande Collecten machen zu dürfen.*)

In gleicher Weise gestattete der Kaiser in Folge eines Vortrages der Hofkanzlei vom 7. März 1782, dass Pastoren auch aus dem Auslande (ausser aus Sachsen und Preussisch-Schlesien**) aufgenommen werden können, da im Inlande zu wenig waren. Diese mussten sich jedoch entweder zu Teschen oder in Ungarn über ihre Fähigkeiten von dem Superintendenten, da noch keine Consistoria bestanden, prüfen lassen. Ferner heisst es in dieser Resolution: Es könne wohl den Leuten nicht verboten werden, Oratorien zu erbauen und Pastoren nach Belieben anzustellen. Man solle sie jedoch aufmerksam machen, einzelnweise vorzugehen, um nicht dann alles der Kosten wegen in Frage zu stellen. Die Stola gebühre ausschliesslich dem katholischen Pfarrer wegen der Matrikelführung. Hingegen brauchen die Akatholiken nichts dem Messner zu geben und ebensowenig dem Schulmeister, wenn sie ihre Kinder nicht in die katholischen Schulen schicken, sondern ihre eigenen protestantischen errichten und bezahlen.

In einer weiteren Resolution (auf einen Vortrag vom 19. Juli 1782 in Betreff Böhmens) setzte der Kaiser fest: Die Pastoren werden entweder von der Obrigkeit oder von den Unterthanen dotirt. Im ersteren Falle hat die Obrigkeit das jus praesentandi, im letzteren Falle ist es den Unterthanen eingeräumt. Das Gubernium hat sich nicht in die Wahl der Pastoren einzumengen; wohl aber soll es dafür Sorge tragen, jene Pastoren ausfindig zu machen, welche die Fähigkeit und den Willen besitzen, in Böhmen angestellt zu werden. Der evangelische Pastor muss vom Consistorium in Teschen und der reformirte von einem ungarischen approbirt und müssen sie vom Gubernium bestätigt werden. Preussische (nicht wie es früher hiess: preussisch-schlesische) und sächsische Unterthanen seien jedoch auszuschliessen.

---

*) Zum Baue katholischer Kirchen im Auslande wurde auch ex camerali in Oesterreich beigesteuert. So erhielt Erlangen, wie früher Göttingen, im Jahre 1785 fl. 1000.

**) Diese Bestimmung wurde erst mit kaiserlicher Entschliessung vom 18. Juli 1812 aufgehoben. Bei dieser Gelegenheit wollen wir auch einer Verordnung vom 29. Jänner 1801 gedenken, nach welcher Pastoren aus einem in der Macht der Franzosen sich befindlichen Lande von der Anstellung in Oesterreich ausgeschlossen waren.

Der Abt von Braunau prüfte die aus Schlesien eingegangenen protestantischen Gebet- und Andachtsbücher. Er schlug vor, dass bei künftigen Auflagen von Luther's kleinem Katechismus die zwei ersten Sätze der Vorrede wegbleiben sollen, da sie Abneigung gegen die Katholiken einflössen könnten. Ferner bemerkte er: In dem deutschen Gesangbuche — Sorau 1732 — kommt das feurige Lied: „Eine feste Burg ist unser Gott" vor. Wollte man dies jetzt noch singen lassen, so würde man die Spaltung zwischen Katholiken und Protestanten vergrössern. Ueberhaupt seien die Gesangbücher voll von elenden und unsinnigen Liedern und wäre daher von diesen Büchern, und insbesondere von dem Poszt'schen,*) kein Nachdruck in Oesterreich zu gestatten.

Die Hofkanzlei stimmte diesen Anschauungen in einem Vortrage vom 7. Brachmonat (Juni) 1782 bei, aber der Kaiser resolvirte: „Sind die Gesangbücher und Kirchenlieder der Reformirten und Evangelischen, so wie sie derzeit sind, auch noch ferner beizubehalten."

In Wien wurde der Gottesdienst für die Protestanten zu jener Zeit in der dänischen Gesandtschaftscapelle gehalten und fungirte als Pastor Fock**), der ebenfalls ein Däne war. Im Juli 1783 petirten die Protestanten in Wien, dass es ihnen gestattet sein möge, nachdem sie 4000 Seelen zählten, dem Pastor Fock einen Diacon beizugeben. Sie zeichneten das Gesuch „K. k. Erzherzogliche, österr. Gemeinde". Das Toleranzpatent gestattete, dass 100 Familien, resp. 500 Seelen, einen Pastor bestellen können; es fragte sich jedoch, ob auch die Anstellung zweier Seelsorger gestattet sei. Die Hofkanzlei legte diese Angelegen-

---

*) Dasselbe erfreut sich bekanntlich bis auf den heutigen Tag grossen Ansehens bei den Protestanten.

) Fock wurde später Superintendent. Als solcher reichte er 1793 das Manuscript eines Lehrbuches der christlichen Religion zum Gebrauche beim Jugendunterricht in den Schulen Augsburgischer Confession zur Approbation ein. Der Scholasticus Spendau, dem dieses Manuscript zur Begutachtung übergeben wurde, beanstandete zwei Stellen, die eine: „Das Laster des Diebstahls wird auf eine verdeckte Art durch drückende Auflagen begangen", da über dieses Moment dem Volke kein Urtheil zusteht, und die andere: „Die Christen können und sollen nicht in Meinungen und Gebräuchen über die Religion einig sein", wodurch die Vereinigung des Glaubens als moralisches Uebel aufgefasst wird. Da Fock sich einverstanden erklärte, diese Stellen wegzulassen, wurde das Manuscript approbirt.

heit am 21. August 1783 dem Kaiser vor und sprach sich abfällig über den Titel, den sich die Protestanten beilegten, aus. Die Entscheidung lautete dahin, dass die Aufnahme eines Diacons keinem Anstande unterliege, und der Titel habe „der Augsburger Confession zugethane evangelische Kirchengemeinde" zu lauten.

Wie berichtet, wurde 1784 auf dem Platze, wo ehemals das Königskloster stand, das protestantische Gotteshaus erbaut. In einem Handschreiben des obersten Kanzlers Grafen Blümegen vom 11. März 1782 gab der Kaiser die Weisung, was mit den betreffenden Localitäten und Fahrnissen zu geschehen habe. In demselben heisst es: „Nur zu Wien allein wird das sogenannte Königskloster vom Verkauf bis auf weiteren Befehl von mir auszunehmen sein. Doch ist dessen Kirche von den *vasis sacris* ebenfalls zu leeren".

Wir wollen hier noch eines speciellen Falles gedenken. In Klagenfurt domicilirte der Oberstlieutenant Prinz von Württemberg (es war dies der Bruder der für den Erzherzog Franz bestimmten Braut). Dieser wollte für sich und seine Domestiken von dem Ossiacher Pastor Andachtsübungen halten lassen, an welchen auch andere Militär-Glaubenspersonen sollten Antheil nehmen können. Die Hofkanzlei ging, 2. Jänner 1783, auf die Bewilligung dieses Ansuchens ein. Wohl durften nach dem Gesetze Bethäuser der Akatholiken nur da gestattet werden, wo 500 Seelen waren, was hier nicht der Fall war; aber es handelte sich eben nicht um ein Bethaus, sondern nur um zeitweilige Andachten. Doch der Kaiser liebte es nicht, dass zu Gunsten einzelner Personen, und wenn sie auch noch so hochgestellt waren, Ausnahmen gemacht werden, er rescribirte daher:

„Da der Prinz von Württemberg nur blos als ein Oberstlieutenant betrachtet werden kann, so kann dieses ihm nicht gestattet werden und das sogenannte Durchdiefingersehen ist ein sehr falscher Grundsatz einer guten Administration, und jede Sache geradezu erlaubt oder verboten, erstere ausgeübt und zweitere nicht geduldet werden muss, welches dann in diesem Falle zu beobachten kommt, und es ist unrecht geschehen, dass man gestattet und durch die Zeitungen hat schon ausposaunen lassen, wohl aber kann dem Prinzen so wenig als andern Akatholiken in Klagenfurt verboten sein, einen Pastor für sich vor seine Privatandacht oder im Erkrankungsfalle kommen zu lassen".

Wir wollen nun wieder vom Speciellen zum Allgemeinen übergehen.

Wie bereits bemerkt, wurden die Leute, nachdem das Toleranzpatent promulgirt war, aufgefordert, zu erklären, welcher Religion sie angehören. Am 18. Juni 1782 berichtete die Hofkanzlei, dass sich in Böhmen 21.580 Protestanten, u. zw. 11.593 männliche und 10.987 weibliche befinden. Hierauf befahl der Kaiser: „Da man die Zahl der Akatholiken nun weiss, soll sich das Gubernium sofort um die nöthigen Pastoren, etwa 20, umsehen, und auf die Herstellung der Oratorien Bedacht nehmen, um der Sache einmal ein Ende zu machen."

Dass die Dinge nicht sofort „klappten", ist begreiflich.*) Dazu kam noch, dass die kaiserlichen Befehle nicht immer in der Weise ausgeführt wurden, wie sie sich der Kaiser gedacht hatte. Es wurde verlangt, dass die Leute darüber gefragt werden, welcher Confession sie angehören. Dieses wurde jedoch manchmal in einer Weise gethan, dass die Gefragten annahmen, es sei besser und vortheilhafter, wenn sie erklären, sie seien protestantisch. Eigenthümlich genug kamen diese Fälle sehr häufig in Böhmen und insbesondere in der Prager Diöcese vor, so dass der Kaiser sich veranlasst sah, auf einen Vortrag vom 16. März 1782 zu bemerken: „Der Erzbischof hat auf seine schwache und kurzsichtige Art in Auswahl der Geistlichkeit gehandelt, das Gubernium aber, dem es eigens und klar mündlich und schriftlich aufgetragen wurde, diejenigen nicht aufzunehmen, die dazu nicht tauglich sind, hat am meisten gefehlt, dieses zu dulden, und sieht man, dass kein Ernst oder kein wahrer Begriff in dessen Leitung stecke... Von der einzelnweisen Ausfragung und von der Unterschrift eines jeden Unterthan als wesentliche Dinge kann nicht abgegangen werden."**)

---

*) Dass Kaiser Josef das Toleranzpatent aus Staatsraison gab, dass er persönlich jedoch als guter Katholik es nicht gerne sah, wenn sich die Leute zum Protestantismus bekannten, geht unter Anderem auch aus Folgendem hervor: Das böhmische Gubernium meldete, dass es den geistlichen Commissären im Bidschower und Königgrätzer Kreise durch ihr kluges und bescheidenes Betragen gelungen sei, 121 Seelen zum katholischen Glauben zurückzuführen, und befürwortete, denselben billiges Lob zu geben. Hierauf bemerkte der Kaiser: „Ich beangenehme das Einraten und ist diese als von mir selbst anbefohlene Belobung im Lande bekannt zu machen."

**) Es wurden alljährlich statistische Daten der Bevölkerung, darunter auch über den Stand der Akatholiken, gegeben. Am 30. Jänner 1789 befahl

In Folge dieser Erklärungen kamen auch anderweitige Conflicte vor. Wir heben in dieser Beziehung folgenden Fall hervor: Im Jahre 1774 heiratete Magdalena Anhueberin einen Mann, der sich zur katholischen Religion bekannte. Nach der Promulgirung des Toleranzpatentes wurde er Protestant, und nun verlangte er, dass auch seine beiden Söhne lutherisch werden. Die Mutter jedoch wünschte, dass sie katholisch blieben, und hegte sie diesen Wunsch um so inniger, da die Kinder grossen Eifer für die katholische Religion hatten. Die Hofkanzlei befürwortete, 30. December 1774, die Kinder (von welchen das ältere zur Zeit, als der Vater protestantisch wurde, 5 Jahre alt war) dem Vater zu überlassen. Der Kaiser stimmte diesem Votum bei, „weil ein Kind von 5 Jahren, welches noch nicht in der Religion hinlänglich unterrichtet ist, noch die annos discretionis gehabt hat, der väterlichen Gewalt nicht entzogen werden kann".

In Folge eines Vortrages der Hofkanzlei vom 2. September 1784 befahl der Kaiser, das Teschner Consistorium, das von den übrigen österreichischen Provinzen allzuweit entfernt ist, nach Wien zu übersetzen. Die Besoldungen für das künftig etwa zu vermehrende Consistorialpersonale, heisst es in dieser Resolution weiter, sind aus den eingehenden Taxen, oder wenn diese noch nicht zureichen, mittelst eines geringen Beitrages von einer jeden lutherischen Haushaltung zu bestreiten. Auf gleiche Weise sei auch für die Reformirten in den österreichischen und böhmischen Provinzen ein Consistorium in Wien herzustellen. Schliesslich heisst es: „Das Kirchenvermögen der Akatholiken muss ebenfalls der Obsorge der Staatsverwaltung unterzogen werden".

Bezüglich der Besoldung ging jedoch der Kaiser in einer Resolution vom 11. December 1786 weiter. Er entschied nämlich:

„Die Consistorien der Protestanten sind zur Oberleitung vom Staat zusammengesetzt worden; es ist also billig, dass von allgemeinen Staatseinkünften selbe bestritten werden. Ich weise daher fl. 2698 des Jahres für beide Consistorien aus Camerali an, ohne dass zu solchen von den protestantischen Familien durch eine neue Auflage was beigetragen werde."

---

jedoch der Kaiser: „ . . . es ist keine Anfrage an das Teschner Kreisamt wegen Vermehrung allda der Akatholiken zu machen, sondern ist hinfüro die Tabelle der Akatholiken gar nicht mehr abzufordern, da selbe lediglich unter die Population ohne Rücksicht der Religion gehören und dieses der wahren Toleranz angemessen ist".

Noch wollen wir Folgendes nicht unerwähnt lassen. Graf Cavriani, Oberstburggraf in Böhmen, hatte verboten, dass Katholiken zum akatholischen Gottesdienste zugelassen werden. Als der Kaiser davon am 10. September 1789 erfuhr, erklärte er: „Graf Cavriani hat dieses unbescheiden gegebene Verbot wieder zurückzunehmen und es soll über diese ganze Sache nichts mehr gesagt, folglich dieselbe weder verboten noch erlaubt werden."

Während das Toleranzpatent für die Protestanten grosse Stürme herbeiführte, riefen die betreffenden Patente für die anderen Akatholiken kaum eine Bewegung hervor. Es ist dies dadurch zu erklären, weil die Protestanten bis dahin die am meist gehasstesten unter den Akatholiken und sogar noch mehr als die Juden verfehmt waren, wie wir dieses an anderen Orten nachgewiesen haben.

Nachdem den nichtunierten Griechen in Wien und Triest gestattet war, einen Privatgottesdienst für ihre Glaubensgenossen zu halten, baten die nichtunierten Griechen in Brünn um die gleiche Begünstigung. Das Kreisamt zu Brünn befürwortete diese Bitte, weil die Griechen sich dann veranlasst sehen werden, ihre Weiber und Kinder aus dem Oriente kommen zu lassen, um sich in Oesterreich ansässig zu machen. Sie werden auch andere Handelsleute nach sich ziehen, oder sich im Lande verehelichen und dadurch zur Vermehrung der Bevölkerung beitragen. Obschon die Juden in Mähren viele Synagogen haben, sei doch dem Juden Königsberger in Brünn eine Thora zugestanden worden (er durfte einen Privatgottesdienst abhalten), und könnte daher den Griechen die erwähnte Bitte gewährt werden.

In Folge des Vortrages der Hofkanzlei vom 19. Februar 1789 genehmigte der Kaiser „in der Hauptsache" diese Bitte, „jedoch haben die Supplicanten zu ihrem geistlichen Vorsteher keinen Mönch eines unter der türkischen Botmässigkeit stehenden Klosters zu wählen." *)

---

*) Nach dem Beschlusse der Synode zu Samosec 1720 sollen Bischöfe und Geistliche des griechisch-katholischen Ritus, wenn sie abtrünnig oder eidbrüchig werden, erstere durch den Metropoliten dem päpstlichen Stuhle, letztere dem Bischof zur gebührenden Strafe angezeigt werden. Gubernium und Hofkanzlei (Vortrag 16. Juni 1783) sprachen sich dagegen aus, da die Wachsamkeit auf die Erhaltung der Religion dem weltlichen Landesfürsten obliege und diesem unmittelbar zustehe, Geistliche wie Laien zur Verantwortung zu ziehen. Hiezu bemerkte der Kaiser: . . . „der Synodus ist für die Geistlichkeit und das Volk nur insoweit verbindlich, als dessen Inhalt mit einem landesfürstlichem Gesetze harmonirt."

Die zu Nikonkovice in Galizien angesiedelten Menoniten waren zwar nicht ausdrücklich unter den tolerirten Religionen begriffen, da ihnen nur der ruhige Aufenthalt gestattet war. Da dieses jedoch gleichbedeutend mit Toleranz war, so wurde ihnen 1785 das gemeinschaftliche Begräbnis auf den katholischen Kirchhöfen so lange gestattet, bis sie in der Zahl derart angewachsen sein werden und einen eigenen Kirchhof verlangen, welcher ihnen dann angewiesen werden sollte.

Ueber die Verhältnisse der Juden unter Kaiser Josef II. haben wir wiederholt an anderen Orten berichtet. Wir wollen hier nur einige Notizen beifügen.

Bald nach seinem Regierungsantritte, bevor er noch das Toleranzpatent erlassen hatte, hob der Kaiser das „Judenzeichen", den gelben Fleck, und die Leibmaut auf. Den Anstoss zu letzteren gab ein Gesuch des Benjamin Cadet (ist hier wohl in der Bedeutung der Jüngere) aus Strassburg, welcher um die Abstellung der von ihm geforderten Leibmaut zu Breisach bat. Hierzu bemerkte der Kaiser eigenhändig: „Graf Kollowrath, diese Taxe ist abzustellen."

Es entstand nun die Frage, in welcher Weise der Ertrag der Leibmaut zu ersetzen sei, damit der Fiscus nicht zu Schaden komme. Die Hofrechenkammer stellte den Antrag, dass jene Juden, welche in Wien wohnten, wo Leibmaut gezahlt wurde, an Stelle derselben eine Toleranzsteuer entrichten sollen. Die Hofkanzlei machte folgenden Vorschlag: Die jüdischen Contributionen betrugen

in Niederösterreich	fl.	7224·13
in Böhmen	„	216500·—
in Mähren	„	82200·—
in Schlesien	„	1633·42
in Galizien	„	300512·06
zusammen	fl.	608070·71

In Ungarn und Siebenbürgen betrug die Contribution fl. 80.000.

Die Leibmaut in der ganzen Monarchie brachte fl. 14.000 und da die Juden in Ungarn ebenfalls die Wohlthat der Aufhebung dieser Steuer geniessen, so meinte die Hofkanzlei, die angeführten fl. 14.000 auf die Gesammtsteuern zu vertheilen. Die ungarische Hofkanzlei, welche stets für die Angehörigen der Stefanskrone eintrat, wenn es sich um allgemeine Steuern handelte, erklärte jedoch, 19. November 1783, die Juden in Ungarn seien bereits so hoch besteuert, dass sie nicht einmal die laufende Contribution zahlen können, weit weniger aber eine Vermehrung derselben zu übernehmen im Stande wären.

Die Hofkanzlei liess sich jedoch von dieser Einwendung nicht beirren, der Kaiser stimmte dem Vorschlage bei und es zahlten als Ersatz für die Leibmaut die Juden in Böhmen fl. 5293, in Mähren fl. 2009, in Galizien fl. 3667, in Niederösterreich fl. 176 und in Ungarn 1955 fl. 57 kr.

Nachdem jedoch überhaupt Rückstände bei den Steuern eintraten, so beschloss der Kaiser, 10. Dec. 1785, den Ersatz für die Leibmaut nicht mehr einheben zu lassen.

Unter Kaiser Josef wurden die Juden 1788 militärpflichtig*) und kamen zunächst zum Fuhrwesen. Am 27. August 1789 brachte Mich. Graf v. Wallis, Stellvertreter des Präsidenten im Hofkriegsrathe, zur Kenntnis des Kaisers, dass beim Wallis'schen Bataillon ein Jude aus Prag eingetreten sei, welcher bei der Feuerwehr dienen wollte, was zu jener Zeit nicht vorkam. Es fragte sich, in welcher Weise dieser den Eid abzulegen habe. Beim Fuhrwesen wurde für die Juden der gewöhnliche Fahneneid festgestellt, jedoch hiess es am Schlusse statt: „So wahr mir Gott helfe und das heilige Evangelium durch Jesum Christum, unseren Herrn", „so wahr mir Gott durch die Verheissung des wahren Messias, seines Gesetzes und die zu unseren Vätern gesandten Propheten zum ewigen Leben helfe." Diese Beeidigung gründete sich jedoch auf keine Verordnung. Der Kaiser rescribirte hierauf: „Der Militäreid für die Juden ist so wie ihn das Reglement vorschreibt, jedoch mit der enthaltenen Abänderung beizubehalten."

Kaiser Ferdinand II., genannt der Katholische, erhob am 29. August 1622 einen Juden, Jacob Bassewi, in Prag in den Adelsstand. Die nächste Nobilitirung eines Juden erfolgte durch Josef II.**) Er verlieh dem Israel Hönig, der den Titel Regierungsrath führte, den österreichischen Adel mit den Prädicate von Hönigsberg, u. z. auf Grund eines Vortrages der Hofkanzlei vom 24. August 1789. Israels Vater, Löb Hönig hatte sich bereits

---

*) Näheres hierüber: G. Wolf: „Wie wurden die Juden in Oesterreich militärpflichtig" im Wiener Jahrbuch für Israeliten 1867—8, S. 33.

**) Josef II. hat als deutscher Kaiser Jonathan Wolf Eibenschütz, Sohn des bekannten Rabbiners in Prag und dann in Metz, 17. Juli 1776, zum deutschen Reichsbaron ernannt; aber dieser Titel war erschlichen und Jonathan Wolf legte denselben ab. (Vergl. Dr. B. Beer: B'ne Jonathan in Bondi's Chrestomathie und G. Wolf: Josef Wertheimer S. 15 Anm.)

in den Jahren 1741 und 1742 zur Zeit des französisch-bayerischen und später während des siebenjährigen Krieges Verdienste erworben und Israel selbst machte sich wie früher Diego d'Aguillar*) um die Tabakregie verdient.

Nachdem im Patente für Galizien den Juden daselbst gestattet wurde, Staatsgüter auf öffentlichen Licitationen anzukaufen, wurde auch Hönigsberg gestattet die Herrschaft Velm in Niederösterreich anzukaufen, obschon die Hofkanzlei sich dagegen ausgesprochen hatte, weil in Niederösterreich, ausser in Wien, keine Juden wohnten. Der Kaiser rescribirte .... „Will Ich dem gegenwärtigen Supplicanten sowol als jedem andern wolbemittelten Juden den Ankauf der Staatsgüter bei einer öffentlichen Licitation gestatten, wonach sich in allen Ländern, wo Juden sind, zu achten ist."

Als es sich dann fragte, wer in den zu dieser Herrschaft gehörigen drei Pfarren das Patronatsrecht ausüben soll, genehmigte der Kaiser das Einraten der Domänen-Hofcommission, dass so lange das Eigenthum obbesagter Herrschaft in jüdischen Händen bleibt, das Patronatsrecht dem Religionsfonde vorzubehalten sei.**)

---

*) Ueber Aguillar, s. G. Wolf Geschichte der Juden in Wien S. 68. In der Mark Brandenburg waren es ebenfalls zwei Juden, David Nathan und Heinrich Daniel, welche sich 1676 zu einem ersten Versuche des Tabakbaues im grossen Umfange entschlossen. (Vergl. das alt-preussische Tabakmonopol in den preussischen Jahrbüchern 1888 S. 145). 1719 erhielten Moses und Elias Kompert dieses Privilegium.

**) Der Kaiser suchte so viel als möglich Zwangstaufen zu verhindern. Als es sich darum handelte, der getauften Jüdin Mariana Nowraka in Galizien den Unterhalt zu verschaffen, rescribirte er 15. December 1786:

„Jeder Taufpathe geht eine geistliche Verbindung mit der Person, die er aus der Taufe hebt, ein. Er ist schuldig, sein Möglichstes zu deren christlichen Lebenswandel beizutragen; aus dieser Ursache habe ich auch, weil ich in Galizien mehrere dergl. Fälle von getauften erwachsenen Jüdinnen gesehen habe, welche blos um theils mit ihren Taufpathen, theils mit anderen einem liederlichen Lebenswandel leichter nachhängen zu können, Christinnen geworden sind, diesen Befehl an Graf Brigido erlassen und beharre noch darauf, dass in diesen gegenwärtigen wie auch andern Fällen sich die Taufpathen allemal verbindlich machen müssen, für derlei getaufte Jüdinnen Sorge zu tragen und sie nicht dergestalt von sich zu verstossen, dass solche Personen, die ohnehin die schlechteste Erziehung erhalten haben und nicht wissen, was Christenthum ist, gleichsam genötigt werden, in einen liederlichen Lebenswandel zu verfallen. Es muss also für diese Nowraka von ihrem Taufpaten entweder bei ihm selbst oder sonst ausser dem Hause gesorgt und derselbe durch das Kreisamt oder den Magistrat dazu verhalten werden."

Den Lehrern an der jüdisch-deutschen Schule in Prag wurde 1787 gestattet, in die Christenstadt zu übersiedeln. Diese Erlaubnis wurde ihnen jedoch unter der Bedingung gewährt, dass sie die jüdischen Victualienaufschläge „genauest" entrichten.

Wie bereits bemerkt, war die Toleranz, die der Kaiser den Akatholiken gewährte, nicht ausschliesslich Ausfluss des Herzens und Gemüthes oder dem Bedürfnisse, das Menschenrecht voll und ganz anzuerkennen, entsprungen. Der Kaiser verfolgte mit derselben praktische politische Zwecke. Er wollte so viele Kräfte, die bis dahin lahm gelegt waren, zum Wohle des Staates in Bewegung setzen. Zu diesem Zwecke begünstigte er auch die Einwanderung tüchtiger Handwerker und Ackerbauer etc. (Fabrikanten wurden schon von der Kaiserin Maria Theresia begünstigt und bevorzugt.) Tüchtige Handwerker etc., die einwanderten, erhielten überdies 50 fl. als Handgeld.

Aber auch Josef konnte sich nicht ganz von Vorurtheilen gegen die Juden losmachen. So hielt er die Gemeindevorsteher (Kahal) für geheime Gesellschaften, weshalb er das Gemeindewesen zu decomponiren suchte und beispielsweise in Böhmen nur Prag als Gemeinde anerkannt wurde. Nichtdestoweniger bleibt ihm das grosse Verdienst, dass er in Europa der erste Monarch war, der die Juden von den schwersten und drückendsten Fesseln befreite.

Mit den Toleranzpatenten war für Kaiser Josef II. die Religions-, Glaubens- und Gewissensfreiheit abgeschlossen, eine neue Secte wollte er nicht dulden, wie dies aus der Behandlung, die er den Deisten angedeihen liess, hervorgeht, und wollen wir derselben nun gedenken.

Am 26. Juni 1782 berichtete die Hofkanzlei: Im Pardubitzer Kreise erklärten 42 Unterthanen, dass sie Israeliten seien. Diese Leute glauben nur an Gott, sonst aber an kein Religionsgesetz und wollen sich keinem unterwerfen. Die Hofkanzlei stellte den Antrag, diese Erklärung nicht anzunehmen, da eine derartige Secte nicht zu den geduldeten Religionen gehöre.

Das Rescript des Kaisers lautete: „Ich beangenehme das Einraten und wird, um desto sicherer den Endzweck zu erreichen, der Königgrätzer Bischof*) mit dem Kreishauptmann sich selbst in locum verfügen und diese Leute wohl zu belehren haben.

*) Johann Leop. v. Hay.

Sollten sie dessen ohngeachtet bei ihrer Erklärung, dass sie Israeliten sind, verbleiben, so müssen sie auch nach der Vorschrift des Gesetzes Moses behandelt und ihnen die Verbindlichkeit, sich alsogleich förmlich beschneiden zu lassen, aufgelegt werden, welches vielleicht weit schneller ihre Bekehrung als alles weitere Zureden wirken wird. Sind sie aber schon wirklich beschnitten, so sind sie Juden und können nicht anders als wie diese im Lande behandelt werden, somit sind sie auch nicht mehr fähig, Gründe eigenthümlich zu besitzen und müssen daher gänzlich abgestiftet werden."

Aus dem Berichte des Bischofs Hay entnehmen wir Folgendes:

Hier (in den zur Pfarre Jesemitz gehörigen Dörfern Rokitno und Chwojnitz auf der Herrschaft Pardubitz) habe ich eine der seltensten Erscheinungen gefunden.

In den Dörfern Rokitno und Chwojnitz befinden sich 52 Familien, welche Christum und sein göttliches Gesetz durchaus verwerfen.

Ich habe mit diesen Leuten, 72 Männern, selbst mehrere Stunden gesprochen und meine ganze Beredsamkeit erschöpft, um sie zum h. Christenthume zurückzuführen. Ich habe die wichtigsten Beweggründe, auf denen die Wahrheit unserer göttlichen Religion gebaut ist, die Schönheit, alle Reize der christlichen Moral, so viel ich vermochte, geltend gemacht, um sie wenigstens zu einem oder dem anderen christlichen Bekenntnisse zu überreden.

Mit der grössten Gelassenheit haben sie meine freundschaftlichen Vorträge angehört, aber allemal darauf geantwortet, ihre Vernunft könne die Geheimnisse der christlichen Religion nicht aushalten und sie können nichts, was gegen ihre Vernunft läuft, glauben. Tausende und mehrere Tausende Menschen dächten so wie sie, nur den Unterschied gebe es unter ihnen, dass diese schweigen, sie aber Freimüthigkeit genug hätten, ihre Denkungsart öffentlich zu bekennen.

Ihr Glaubensbekenntnis aber besteht beiläufig in dem: Wir glauben an einen Gott, Schöpfer des Himmels und der Erde; die Lehre von der Dreieinigkeit ist Mehrgötterei und folglich eine Gott beleidigende Lehre. Dass ein Christus war, glauben wir, wie man eine Geschichte glaubt. Entweder ist er wegen seiner Sünden gekreuzigt worden, oder ist er unschuldig gestorben. Im letzterem Falle fällt die Schuld auf seine Richter, und dann glauben wir, dass er eben so Gottes Sohn war, wie wir es sind. Alle Menschen sind doch nichts anderes, als Geschöpfe und Kinder Gottes. Aber dass ein Gott Mensch geworden, können und werden wir nie glauben. Unser Gesetz sind die zehn Gebote, welche Moses auf dem Berge Sinai bekommen, der Herr hat sie mit seinem Finger in die steinerne Tafel und zugleich in unser Herz geschrieben.

Wir werden Gott und unsern Nächsten lieben, wir werden jene zehn Gebote halten, wir werden unseren Obrigkeiten gehorsam sein, wir werden alle Menschen in Ruhe lassen und sonst nichts anderes glauben, es mag mit uns geschehen, was da will. Die Menschen, unter denen wir leben, mögen uns verabscheuen, wie sie wollen: wir können und werden von der Anbetung eines einzigen Gottes nie abgehen und kein anderes Gesetz als seine zehn Gebote annehmen.

Wir glauben an eine Zukunft, aber an keine ewige Höllenstrafen: die Sünder werden jenseits des Grabes nach der Grösse ihrer Verbrechen gezüchtigt oder vielleicht vernichtet werden, die Gerechten werden ewig mit Gott sein und ihn lieben.

In ihren Zusammenkünften beten sie das Vaterunser und singen Psalmen.

Ihr Bekenntnis belegen sie mit mehreren Schrifttexten aus dem alten Testamente.

Wenn ich nachforschte, woher sie wohl so eine Lehre geschöpft haben, war ihre Antwort: „Aus öfterem und längerem Nachdenken haben wir die Erleuchtung bekommen."

Ihre Kinder schicken sie in die Schule, und der Pfarrer Kautzky versichert mich, sie wären in der Christenlehre besser als andere unterrichtet. Er und der Oberbeamte in Pardubitz sagten mir, sie hätten gute Sitten, vormals wären sie Holzdiebe gewesen, seitdem sie aber öffentlich bekannt haben, hätten sie auch ganz diese Ausschweifung unterlassen.

Mir sind sie mit der grössten Ehrerbietung begegnet: recht oft haben sie mir die Hände geküsst. „Ihr redet mit uns die Sprache des h. Evangelisten Johannes", sagten sie mir, „wir erkennen die ganze Güte Eures Rathes, aber mit allem dem werden wir nie anders denken . . . ."

„Gibt es noch mehrere dergleichen Menschen in Böhmen, die Eure Denkungsart haben", fragte ich sie unter Anderem. „Ja, Herr", gaben sie zur Antwort, „auf der Herrschaft Chlumetz sind noch 300 unserer Brüder; sie schweigen aber, sie sind klüger als wir, aber wir sind ehrlicher."

„Mit meinem Communionsgeschäfte beschäftigt, gab ich hierauf meinem Neustädter Dechant Josef Hurdalek, einem der besten Priester meiner Diöcese, der unüberwindliche Gelassenheit und Menschenliebe mit gründlicher Gelehrsamkeit verbindet, den Auftrag, diese armen Leute zurechtzuweisen. Fünf ganze Stunden hat er mit ihnen in freundschaftlichen Unterredungen zugebracht und am Ende aber nichts anderes als ich ausgerichtet."

Der Kaiser resolvirte hierauf:

„Die in der Herrschaft Pardubitz sich vorgefundenen Deisten können keineswegs geduldet werden. Werden sie sich auf den nachmaligen mit ihnen zu veranlassenden Versuchen durch wiederholte gründliche und bescheidene Vorstellungen von ihren irrigen Begriffen nicht zurückführen lassen, oder sich zu einer aus den tolerirten Religionen vorschriftsmässig bekennen, so sind sie von ihren Gründen und Häusern gänzlich abzustiften und nach Siebenbürgen zu versetzen, wo die relegirten Arianer mit ihrem Glauben mehr Aehnlichkeit haben."

Nachdem alle Versuche, diese Leute von ihrer Religion abzubringen, fruchtlos waren, resolvirte der Kaiser über Vortrag vom 8. März 1783, dass sie abgestiftet werden sollen. Sie selbst sollen als Grenzer zum Militär kommen, ihr unbewegliches Vermögen aber verkauft und bis zur Grossjährigkeit der Kinder für diese verwaltet werden.

Die minderjährigen Kinder (unter 15 Jahren) sollen zu guten Christen in Erziehung kommen. „Sollen sich einige, von dieser Behandlung abgeschreckt, zu der katholischen oder einer andern recipirten Religion bekennen wollen, so ist ihnen zu bedeuten, dass es zu spät wäre und dass alle, die hier aufgeschrieben sind, Alt und Jung, auf ihre Bestimmungsorte müssen übersetzt werden, wo sie alsdann wahre Beweise ihrer Bekehrung auch in den Orten, wohin sie übersetzt worden, erst werden zu geben haben, wenn sie jemals hoffen wollen, wieder zurückkommen zu können."

Am 19. März 1783 erstattete die Hofkanzlei wieder einen Vortrag des Inhaltes:

Es haben sich neuerdings in Böhmen 273 Personen, 142 Männer und 131 Weiber als Deisten bekannt, ihre Kinder unter 15 Jahren betragen 223 Köpfe. Wie das Gubernium meldet, sei der Kreis-Commissär Braun bei der Herrschaft Leitomischl zu weit gegangen und habe auch jene, welche nur des Deismus verdächtig waren, vorgerufen.

Hierauf resolvirte der Kaiser:

„Dem böhmischen Gubernio ist bei schwerster Verantwortung zu untersagen, dass solches jemals wegen Deisten, Israeliten oder wegen was immer für einer andern Secte eine Untersuchung veranlasse oder Leute zusammenberufe oder befragen lasse, gegen welche man Zweifel hat. Das nämliche hat auch die Geistlichkeit sorgfältigst zu vermeiden. Der Kreis-Commissarius Braun ist wegen diesem Vorgehen ohne weiters seines Dienstes zu entlassen und so wird es jedermann indistinctim ergehen, der sich nach was solches gelüsten lassen wird.

Meldet sich ein Mann, ein Weib oder wer immer bei einem Goer- oder Kreisamt als Deist, Israelit oder sogenannter Lampelbruder, so sind ihm ohne weitere Anfrage 24 Prügel oder Karbatschstreiche auf den H....... zu geben und hiermit ist er wieder nach Hause zu schicken, auch dieses so oft zu wiederholen, als er sich neuerdings melden kommt; nicht weil er Deist ist, sondern weil er sagt, das zu sein, was er nicht weiss, was es ist.

Der einen Deisten in der Gemeinde nennt oder angibt, der soll von dem Ober- oder Kreisamt mit 12 Stockstreichen belegt werden, da es durch die von mir selbst untersuchten und bereits in Hungarn befindlichen derlei Leute sattsam bewiesen ist, dass solche keine Deisten und Israeliten sind und diese Männer und Weiber theils aus Dummheit, aus Unwissenheit, theils aber aus Leichtsinn und Wanderungslust, auch durch die Verfolgung meist dazu sind verleitet worden; sie es auch wirklich erkennen und viele davon sich erklären, dass sie katholisch leben und sterben wollen. Es müssen alle diese missbrauchten Benennungen gänzlich ausgerottet werden."

Wir lassen nun noch folgende Handschreiben des Kaisers in dieser Angelegenheit folgen:

„Lieber Graf Kollowrat! Ich überschicke Ihnen in der Nebenlage dieses Memorial der auf der Pardubitzer Herrschaft sich befindenden 40 Familien sogenannter Deisten. Da nun erwünschlich ist, dass die Leute nicht verloren gehen und sie auch in Siebenbürgen nur zum Ungemach sein werden, so sollte diese ihre Erklärung, worin sie sich als Akatholiken bekennen, benutzt und sie also als Protestanten angesehen und bei ihren Häusern und Wirtschaften belassen werden. Dieses zu bewerkstelligen wäre dem Chrudimer Kreishauptmann per privatas aufzutragen, sich in dieses Dorf hinaus zu begeben und gegen Vorweisung dieses Memorials ihnen in meinem Namen zu bedeuten, dass ich ihre Erklärung als Protestanten, nämlich als Lutheraner, in Gnaden aufnehmen wollte, bis sie nicht durch Ueberzeugung eines Bessern belehrt werden. Sie hätten also als Lutheraner für welche sie sich hier selbst erklärten, ruhig fortzuleben, unter welcher Bedingung sie auch bei Haus und Hof verbleiben könnten. Sollte ein oder anderes ihrer Häuser oder Gründe schon veräussert worden sein, so wären solche wieder einzulösen oder statt selben andere ihnen zu verleihen. Endlich von dem auf die Reise erhaltenen Gelde hätten sie ausser jenem, was sie auf der Hin- und Herreise verwendet zu haben erweisen könnten, den Ueberrest zurückzustellen.

Sollten Sie hingegen räthlicher finden die hier unterschriebenen 4 Männer mit Abrechnung eines Reisegeldes hieher nach Wien abgehen zu lassen, da doch alles darauf ankommt, sie von ihrem Irrwesen auf eine begreifliche Art zurückzuführen, so erwarte ich Ihre Aeusserung hierüber des ehestens, da dieser Zeitpunkt benutzt werden muss und vielleicht wenn ich selbst mit diesen 4 Deputirten hier ganz kurz mich bespräche auch alle andern für sich sowohl als für den Staat könnten gerettet werden.

Wien, 21. Juni 1783.

"Lieber Gf. Kollowrat. Nachdem zu Folge meiner Anordnung von denen vorigen Jahres nach Siebenbürgen, Galizien und in die Buccowina verschickten Deisten, die in dem anliegenden Verzeichnisse enthaltenen Individuen deren Bekehrung und sonstig gutes Betragen man bestätigt hat, zurückberufen worden und hier eingetroffen sind, auch demnächst nach Meiner unter einem an den Hofkriegsrat ergehenden Weisung unter militärischer Escort nach Pardubitz u. s. w. in ihre Geburtsorte werden transportirt werden, so haben Sie also gleich die behörige Verfügung zu treffen, damit diesen Leuten von dem Tag der Eintreffung in ihre Ortschaften ihre innegehabten Häuser und Gründe sammt ihren abgenommenen Kindern wieder zurückgegeben so wie ihnen auch das was ihre Besitzungen während ihrer Abwesenheit ertragen haben, nach Abschlag desjenigen, was mittlerweile hiervon auf ihre zurückgelassenen Kinder verwendet worden ist, zurückzustellen sein wird. Uebrigens aber wird auf die Handlungen dieser Leute immer ein obachtendes Auge zu tragen sein.

Wien, 4. July 1784."

Ein ähnliches Handschreiben vom 8. Juli erging bezüglich der nach Slavonien und in das Banat abgeschickten sogenannten Deisten und Israeliten.

VI.
(Briefe und Handschreiben.)

Wir geben zum Schlusse einige Briefe und Handschreiben, die geeignet sind, den Kaiser zu charakterisiren.

Wir haben auch solche aufgenommen, die so zu sagen keinen historischen Wert haben, welche jedoch beweisen, dass der Kaiser auch den unbedeutendsten Dingen seine Aufmerksamkeit zuwendete, da er das kleinste wie das grösste auf das vollkommenste eingerichtet wissen wollte.

1.

Folgendes Schreiben an den Fürsten Kaunitz, das sich im Archive des Reichs-Finanzministeriums befindet, ist *s. l. et d.* aber wahrscheinlich aus Rom Ende 1783 oder Anfangs 1784, zu welcher Zeit sich der Kaiser daselbst befand. Es lautet: „Lieber Fürst Kaunitz! Da ich geneigt bin, dem Papste in gleichgiltigen Sachen einen Gefallen zu erweisen, so will ich die durch den Austritt des Grafen von Salm erledigte Stelle eines *auditor rotae* dem Grafen Strassoldo, so sich mehrere Jahre hier befindet, in einem sehr guten Ruf steht und mir auch vom Cardinal Hrzan[*] gerühmt wird, verleihen. Sie werden also hiernach das Nöthige veranlassen."

Wir lassen nun einige Schreiben an den obersten Kanzler Grafen Kolowrat folgen. Am 20. März 1783 schrieb der Kaiser:

2.

Nachdem die amerikanischen Staaten von England anerkannt wurden, werden sie auch von Oesterreich anerkannt werden. Es wird aus den Niederlanden ein Individuum dahin als Minister oder Resident gesendet, welcher die dahin recommandirten Handelsleute

---

[*] Cardinal Hrzan-Harras erhielt bis zum Jahre 1782 einen Gehalt von 8000 Ducaten, von da ab weiter fl. 12,000.

von da aus zu leiten, zu rathen und zu unterstützen vermöge. Er soll daher ein Verzeichnis derjenigen Hauptproducte und Manufacturen, welche ihren Absatz über Triest finden, mit Berückung der Preise vorlegen, damit sich das dahin abgesendete Individuum hieraus um so leichter in die Kenntnis auch der diesfälligen Capi setzen könne.

3.

Wenn ich dem Politico eine Militär-Landeskarte zur geographischen Copirung mitzutheilen gestatte, so ist diese nur für denjenigen, der das ganze Land zu übersehen hat, keineswegs aber dazu gewidmet, dass daraus Specialkreisekarten gezogen werden. Die Ausdehnung eines Kreises ist nicht so gross, dass dessen Vorsteher einen solchen District nicht ohne Karten kennen sollte. Der Kanzlei will ich demnach ernstgemessen aufgetragen haben, nicht nur ihres Ortes von den politischen Generalkarten keinen derlei Auszug zu veranlassen, sondern auch den ihr untergebenen Landesstellen zu untersagen, dass diese nicht etwa hieraus einige Specialkreiskarten verfertigen lasse, vielmehr auch in künftigen ähnlichen Fällen derlei Generalkarten lediglich zu dem oben bemerkten Gebrauch verwende.

Triest, 17. März 1784.

4.

Da es allerdings notwendig ist zum Besten der Sache, dass der mit Passau zu schliessende Vergleich in Bälde zu Stande komme, so werden Sie von dem Bischofe von Passau die Beschleunigung seiner Beschliessung dergestallt abfordern, dass er sich in der Zeit von drei Tagen erkläre, ob er den entworfenen Vergleich unterschreiben wolle oder nicht, im ersten Falle wäre die Sache abgethan, wohingegen im zweiten auch die ganze Verhandlung abzubrechen und die gesammten Einkünfte sowol vom Bischof als vom Capitel als gänzlich eingezogen anzusehen sind, weil in dieser Sache, wenn man was gutes bewirken will dem Bischof nicht viel Zeit zu unnötigen Grübeleien lassen muss.

Laxenburg, 23. Juni 1784.

5.

Nach den verschiedentlich eingehenden Nachrichten wird preussicher Seits ein Cordon gegen die diesseitige Grenze von Böhmen und Mähren gezogen, um den Körnereinkauf von diesseitigen Unterthanen nach jenseits geschickte zu hindern.

Da nun durch diese Sperre allerdings die an der Grenze gelegenen diesseitigen Unterthanen in der Folge einer Not ausgesetzt werden dürften, so werden Sie mittelst der beiden Länder-Gubernien die Vorsehung zu treffen haben, dass falls die diesfällige Besorgniss begründet befunden wird, bei Zeiten diesen Unterthanen von den rückwärtigen Gegenden beigesprungen werde.
Wien, 24. December 1785.

6.

Der Bischof von Laibach, Carl Graf v. Herberstein, veröffentlichte im Jahre 1782 einen Hirtenbrief, welcher in Rom sehr beanständet wurde; insbesondere missfiel die Stelle, dass jeder befugt sei, diejenige Religion anzunehmen, welche ihm nach seinem Urtheile oder nach seiner Einsicht die wahre zu sein scheine. *) Der Bischof wollte die bürgerliche Duldung nach Vorschrift der christlichen Liebe und nach dem Muster des ersten unter den christlichen Kaisern (Josef) empfehlen. In Rom jedoch wurde der Satz für ketzerisch erklärt.

Als später dieser Bischof zum Erzbischof ernannt werden sollte, wollte der Papst nicht darauf eingehen. Da bemerkte der Kaiser auf einen Vortrag vom 9. Februar 1786: „In dieser Sache muss der Papst vollkommen seines bösen Willens überzeugt und ihm also in vollem Masse seine Zweifel behoben werden." Der Bischof sollte daher eine Erklärung der Sätze, die angegriffen wurden, geben.

Der Bischof kam diesem Wunsche nach und die Hofkanzlei legte dieselbe dem Kaiser vor (6. April 1786). Er bemerkte dazu:

„Die ganze vom Bischof zu Laibach verfasste Beantwortung entspricht keineswegs meiner Gesinnung, aus welcher selbe von ihm verlangt worden ist. Sie ist lang und sollte kurz sein; sie ist in einigen Stellen beissend, wo sie unterwürfig sein sollte, sie belehrt den Papst, sie erzählt ihm Sachen aus der Geschichte, sie führt einen Haufen Citationen von heiligen Vätern, von heidnischen Philosophen und von andern Schriftstellern an, die gar nicht zur Sache gehören und die theils vom römischen Hofe gar nicht als Beweise angenommen werden können und man kann theils ohne Beleidigung nicht vermuten, dass er sie nicht

---

*) Der Wortlaut ist: *qua nimirum asserere ausus est unicuique jus esse sectandi religionem quae ipsi suomet judicio vera esse videtur.*

wisse. Ueberdies ist die Gesinnung dieser abgeforderten Auslegung nicht dahin gegangen, durch eine solche Dissertation, welche von Seite des Papstes wieder eine längere und weitschichtigere Beantwortung und mehreren Stoff zu Beschwerde und also wenigstens Verzögerung, dessen, so man wünscht, veranlassen würde. Ich wollte vielmehr alles lediglich auf die unrichtige Uebersetzung des Hirtenbriefes ausdeuten und durch eine kurze Aufklärung der dem Papste vorzüglich aufgefallenen Stelle ihm die Gelegenheit geben, damit er von dem gethanen Schritte in Ehren zurücktrete und dem Bischofe von Laibach die erzbischöfliche *Bullam* ohne weiteren Anstand ertheile."

Es wurden hierauf die angedeuteten Veränderungen vorgenommen. Der Papst beharrte jedoch bei seiner Meinung. Hierauf schrieb der Kaiser:

„Lieber Graf Kollowrath! In der Anlage erhalten Sie den über das Schreiben des Papstes an den Laibacher Erzbischof erstatteten Vortrag sammt jenem der geistlichen Hofcommission wieder zurück.

Sie werden das päpstliche Schreiben an ernannten Erzbischof unverzüglich zuschicken und ihm zugleich den beikommenden Entwurf einer Sinceration *) mit der Weisung zukommen lassen, dass er solche in lateinischer Sprache in der Form einer Antwort auf die päpstliche Zuschrift ausfertige, eigenhändig unterschreibe und *sub sigillo volanto* ohne Verzug Ihnen übersende.

Diese Antwort werden Sie sodann an den Fürsten von Kaunitz befördern, welcher bereits von Mir den Auftrag erhalten hat, solche als das Ultimatum der diesseitigen Rücksicht für die päpstlichen Desideria durch den Cardinal Hrzan dem Papst mit den Beisatze übergeben zu lassen, dass Ich hierüber die unverzügliche Erhebung des Bischofs zu Laibach zum Erzbischof erwarte, widrigenfalls aber auch dasjenige unvermeidlich zurücktreten würde, was in Ansehung der Confirmation der Bischöfe durch 13 Jahrhunderte in der ganzen katholischen Kirche üblich war.

Um sich daher auf dieses Letztere von nun an gefasst zu halten, hat die geistliche Commission in ungesäumte Ueberlegung zu nehmen, ihr Gutachten zu erstatten und auch die

---

*) Diese Sinceration hielt sich in allgemeinen Ausdrucken.

Kanzlei das ihrige mir vorzulegen, wie dasjenige einzuleiten und in wirklichen Vollzug zu bringen sein dürfte, was dem Papste auf den Fall seiner Weigerung zum Voraus angekündigt wird.

Das eigenhändige Schreiben des Papstes an Mich habe Ich zurück gehalten und an die Staatskanzlei abgegeben.*)

Wien, 24. August 1787.

7.

Da durch den Einfall der Türken in das Banat zu befürchten ist, dass die Leute sich nicht mehr mit der Viehmastung beschäftigen werden und das Fleisch theuerer wird, so soll man den Fleischern gestatten, einen höhern Preis zu fordern und zwar auf den Lande 6 und innerhalb der Linien 7 kr. per Pfund.

Lugosch, 7. October 1788.

8.

Lieber Graf Kollowrat! Da gewöhnlich Uneinigkeiten besonders in den Provinzen zwischen den Chefs und ihren Stellvertretern, wenn sie einmal zu einem öffentlichen Scandal ausarten, dem Dienst und der guten Ordnung höchst nachtheilig sind; auch ein Untergebener, wenn er sich mit seinem Vorgesetzten abwirft, bei mir jederzeit Unrecht hat, weil er seine verschiedene Meinung in Geschäfts- und Dienstsachen immer mit Bescheidenheit ohne Nachtheil der gehörigen Freimüthigkeit in dem Protocolle mit einem besonderen *Voto* an den Tag legen kann, gleichwie ihm gegen wirkliches Unrecht der Weg sich förmlich zu beklagen offen steht und er immer auf Unterstützung rechnen kann, so finde ich nöthig, Ihnen folgende Verwechslung in den *Vice praesidiis* aufzutragen.

In Lemberg verträgt sich Graf Brigido nicht mit dem Vicepräsidenten Baron Margelik und in Prag Gf. Cavriani nicht mit den Grafen Lazanzky. Da sie sonst diensteifrig sind, soll Margelik als Vicepräsident nach Prag und Lazanzky in eben dieser Eigenschaft nach Lemberg kommen.

Februar 1789 (ohne Bezeichnung des Tages).

---

*) Die Sache kam zu keinem Resultate, da dieser Bischof am 7. October 1787 starb.

9.

An denselben. Laxenburg, 26. Juny 1789.

... Und da ich wahrnehmen muss, dass bei der niederösterreichischen Regierung noch immer der Unterschied zwischen den Herren- Ritter- und Gelehrten-Bank beobachtet werde, so wird die Kanzlei die Verfügung treffen, dass dieser Meiner Generalverordnung entgegenstehende Missbrauch sogleich abgestellt und der Rang künftig ohne Unterschied des Standes blos nach dem *senio* in dem Amt, wie es Meine Vorschrift mit sich bringt, ausgemessen werde.

10.

An denselben. 2. Jänner 1790.

Die so unglückliche Begebenheit mit den Niederlanden, macht zur äussersten und dringendsten Wichtigkeit, dass die in der Stadt Luxemburg und dasiger Gegend noch versammelten Truppen erhalten und wäre es auch mit noch so schweren Kosten, ihr Approvisionnement und jenes für die Stadt herbeigeschafft werde. Sie werden daher auf das unverzüglichste alle möglichen Anstalten treffen, dass Graf Cobenzl mit einer hinlänglichen Summe Geldes versehen werde, weil die Erhaltung dieser Provinz und Hauptfestung von der äussersten Wichtigkeit ist und sollten auch Gelder in natura, besonders Gold, mittels eines eigens auf der Post abzuschickenden Casse-Officiers, der seine Fahrt bei Tag und Nacht fortsetzt, dahin expedirt werden.

Zugleich will ich Ihnen aber auch zu Ihrer Wissenschaft bedeuten, dass ich an Fürst Kaunitz den Befehl erlassen, um solchen dem Grafen Cobenzl zuzufertigen, dass alle diejenigen Gagen, Pensionen oder andere Zahlungen, so aus den niederländischen Fonds gemacht werden, mit Entreissung derselben auch zu cassiren haben und dass also die deutschen Finanzen keine Zahlung von was immer für Gattung, die sonst aus den niederländischen Fonds geschah, mehr zu leisten verhalten sein sollen.

Sie werden mir nächstens berichten, wie weit Sie den dortigen Bedarf sogleich bedeckt haben.

11.

Den hier neben folgenden Vortrag des Hofkriegsrates stelle ich Ihnen in der Absicht zu, damit Sie daraus ersehen mögen, von welcher verschiedenen Meinung in Absicht auf die Kriegserfordernis der Hofkriegsrath mit der Finanzstelle ist.

Uebrigens aber, da weder die Dauer der gegenwärtigen Umstände bestimmt werden kann, noch auch abzusehen ist, was sich weiter für widrige Ereignisse ergeben werden, müssen die Finanzen das Aeusserste verwenden, um die erforderlichen Gelder, es sei nun durch Einschränkung verschiedener Auslagen, Creirung neuer Papiere oder auch mit Ueberspannung des Credits herbeizuschaffen, damit man auf den Fall, als der Krieg künftiges Jahr noch fortzusetzen wäre, hiermit nach Nothdurft bedeckt sein möge.

Wien, 10. Jänner 1790.

12.

Wien, 18. Jänner 1790.

Lieber Graf Kollowrat: Die hier angebogene Note des Kriegspräsidenten zeigt nicht allein die Verlegenheit, in der sich das hiesige Kriegszahlamt bei dem gegenwärtigen geringen Cassafond und bei beträchtlich zu leisten habenden Zahlungen befindet, sondern auch die bedenkliche Lage, in welcher der Staat bei nicht herbringlicher Bedeckung des Gelderfordernisses zur Fortsetzung des Krieges verfallen kann.

Ich muss also der Finanzstelle nochmalen auftragen, sowohl alles Mögliche anzuwenden, um die nöthigen Fonds zu dem künftigen Feldzuge herbeizubringen, als auch, dass sie sich mit dem Hofkriegsrath über den eigentlichen Betrag dieser Erforderniss und in welchen Raten die Gelder der Kriegscassa abzuliefern sind, einvernehmen und diese Gegenstände endlich auseinander zu setzen.*)

) Bald nachdem der Krieg gegen die Türkei begonnen hatte, befahl der Kaiser, 21. Jänner 1788, die Aufkündigungsfreiheit (zu jener Zeit lauteten die Staatspapiere *au porteur* und konnten wie jede andere Schuldverschreibung gekündigt werden) gesammter, bei den öffentlichen Creditcassen anliegenden Capitalien zu $3\frac{1}{2}$ und 4% einzustellen. Capitaleinlagen zu 4% waren jedoch gestattet, mit Ausnahme der Pupillar-, Stiftungs-, Kirchen-, Religions-, Studienfonds, geistlicher Majorate und sonstiger vinculirter Capitalien, die zu $3\frac{1}{2}$% verzinst wurden. Es muss nämlich bemerkt werden, dass, sobald ein Krieg ausbrach, die Staatspapiere en masse gekündigt wurden und deshalb suchte man vorzubeugen. Wie man übrigens weiss, wurde unter der Kaiserin Maria Theresia die Börse begründet. Ein kaiserlicher Commissär (unter der Kaiserin Baron Benzoni, unter Josef Major Freiherr v. Schweihuber) war angewiesen, 2 Stunden Vor- und eine Stunde Nachmittags (während der Börsenzeit) an der Börse anwesend zu sein, allen Verhandlungen, die daselbst stattfanden, mit Aufmerksamkeit zu folgen, auf den Fortgang des Wechsel-

13.

Schon zu wiederholten Malen habe ich der Hofkanzlei, die von mehreren Seiten eingegangenen Klagen über die bei der jetzigen Einrichtung der Studien in der allerorten bestehenden Anhäufung der Lehrgegenstände mit Abbruch der zur Bildung tüchtiger Beamten für jede Geschäftsabtheilung so höchst wichtigen Berufsstudien zu erkennen gegeben. Seitdem haben diese Klagen von allen Seiten so **zugenommen** und sind so allgemein geworden, dass umsichtige Eltern es für ihre Pflicht halten, ihre Söhne dem öffentlichen Unterrichte zu entziehen, weil solcher grösstentheils auf blosse Ceremonien und leeres Gedächtniswerk **hinausläuft, keineswegs aber durch Nachdenken und Ueberzeugung sich mittheilen,** weil man nur die Aussenseite zu schmücken sucht **blos durch Belletterie** und oberflächliche Kenntnis die Zeit hinbringen, noch den Kopf mit witzigen Gedanken füllt und der Jugend für das Solide, für die eigentlichen Berufsstudien und die nöthigen Vorbereitungen hiezu theils wegen der so sehr gehäuften **Gegenstände keine Zeit** übrig bleibt, theils ihr Geschmack hiefür nicht **gelenkt wird,** vielmehr eine ganz falsche Richtung erhält, wodurch dann geschieht, dass der grössere Haufen nach hinterlegter Studienzeit eben so bald das, was sie blos herzusagen gelernt haben, vergessen oder wenigstens mit demjenigen, was sie zu brauchbaren Staatsbeamten machen solle, nicht ausgerüstet erscheinen. Und da mir die wesentlichsten Punkte in Erziehung und Bildung der Jugend, nämlich Religion und Moralität viel zu leichtsinnig behandelt, das Herz nicht gebildet und ebensowenig für die wahren Pflichten fühlbar gemacht wird, so vermisst der Staat hierunter den wesentlichen Vortheil, sich redlich denkende, wohlgesittete Bürger **erzogen** zu haben.

geschäftes nach den diesbezüglichen Vorschriften und Instructionen ein Augenmerk zu tragen und alles, was zur Aufrechthaltung des Wechselgeschäftes dienlich war, entweder selbst zu veranlassen oder nach Beschaffenheit des Umstandes vorzuschlagen. Hauptsächlich aber war die Pflicht des Commissärs auf den Kauf und Verkauf der öffentlichen Schuldbriefe, respective auf ihren jeweiligen Wert acht zu haben und alles was zur Emporbringung des öffentlichen Staatscredites gedeihlich war, beizutragen, und jede Veränderung, die auf den öffentlichen Credit Einfluss hat, der Hofkammer (jetzt Finanzministerium) anzuzeigen. Alles aber, was den Wucher und den Eigennutz begünstigte und die handelnden Parteien in Schaden setzen konnte, zu beseitigen und überhaupt gute Ordnung zu handhaben.

Alle diese Betrachtungen haben mich bereits vor einigen Monaten veranlasst, dem Hofrath Heinke, dessen Kenntnisse und Rechtschaffenheit vielfältig erprobt sind, eine freimüthige Ausarbeitung zur Verbesserung dieser Gebrechen in den hiesigen Schulanstalten aufzutragen.

Ich überschicke Ihnen also hier denjenigen Theil hievon, welcher die Grundsätze enthält, deren **Bestimmung der Bearbeitung jedes** einzelnen Faches vorausgehen müssen und Sie werden solche in einer bei der Kanzlei abzuhaltenden eigenen Zusammentretung in reife Ueberlegung nehmen lassen, wozu Sie nebst dem Hofrath Heinke und Birkenstock, dann dem im philosophischen Fache mir als besonders geschickt bekannten, für die Niederlande zur Direction dieses Studiums bestimmt gewesenen Mayer noch ein oder anderes Individuum von der Studien-Commission und sonst auch wen Sie von den Räthen der Hofkanzlei oder sonst hierzu geeignet finden, beiwohnen werden.

Wenn alsdann die Commission über diese Grundsätze wird übereins gekommen sein, so werden Sie hernach die Bearbeitung der verschiedenen Fächer einleiten, denen hiezu verwendeten Individuen die **genaue Verbindung** der Fächer untereinander und zwar von den Normalschulen angefangen, wie solche mit dem lateinischen in einem angemessenen Studiengange und diese wieder mit dem philosophischen und so weiter mit den höheren Wissenschaften zusammenhängen, sollen mitgeben, sodann das Ganze in einem vollständigen Plane mit der schliesslichen Wohlmeinung dieser Commission Mir zur Entscheidung vorlegen, damit alsdann das Ganze der Studiencommission gleich zur Ausführung kann vorgelegt werden.

Und da es höchst wichtig ist, dass zur Beseitigung derlei wesentlicher Gebrechen so wenig Zeit als nur immer möglich verabsäumt und die allseitigen Verbesserungen desto gewisser schon für das nächst vorstehende Schuljahr eingelernt werden, so werden Sie diejenigen, die sich dieser Arbeit widmen, zur sorgfältigen Anstrengung ihrer Kräfte in einem für das Wohl ganzer Nationen so wichtigen Geschäfte in meinem Namen auffordern.*)

Wien, 9. Februar 1790.

*) Kink, Geschichte der Wiener Universität I, 589 Anm. reproduciert dieses Handschreiben, welches der Kaiser wenige Tage vor seinem Hinscheiden erliess, jedoch weicht der Text vielfach von dem vorliegenden ab. Wir glaubten daher demselben hier einen Platz einräumen zu sollen.

13 a).

Lieber Feldzeugmeister Siskovics!*) Sie werden mir mittels eines particular Schreiben, weil ich die Sache nicht öffentlich will behandeln lassen, von dem Obristen Defours des I. Carabinier-Regiment die Auskunft abverlangen, was es für Umstände hat mit einer ledigen Person, so eine Officierstochter, welche sich bei mir hier beschwert wieder den Grafen W., so sich in dem Regiment befindet. Diese sagt: sie wäre von ihm entführt worden, hätte auch schriftliche Verheissung der Ehe, gegen ein Jahr beim Regimente mit ihm gelebt, wovon der Obrist sogar solle Wissenschaft gehabt haben, sie hat allda ein Kind mit ihm erzeugt. Sie hat wirklich mehrere Briefe, sein Porträt und eine schriftliche Obligation von ihm in Händen, worin er ihr einen jährlichen Unterhalt verspricht; sie sagt nur fl. 50 von ihm die ganze Zeit hindurch empfangen zu haben. Alles dies werden Sie also dem Obristen gemessen auftragen, sobald als möglich in der Stille und nach Billigkeit die Sache abzuthun, damit diese Person befriedigt, **der junge Mensch, der bei hinlänglichen Mitteln ist, lerne, dass dergleichen Streiche kostbar und zu Unannehmlichkeiten führen**, zugleich aber ist auch dem Obristen zu verweisen, dass er solches gelitten, wenn er davon Kenntniss hatte.

April 1784.

14.

„Lieber Baron Kressel! Da das Bisthum Lavant, wie Sie aus beigehendem Schreiben des dermaligen Bischofes Vincenz Josef des Näheren ersehen werden, durch dessen Resignirung**) in Erledigung kommt, die Wiederbesetzung desselben aber von Salzburg abhängt, so werden Sie dem Erzbischof die Ernennung hierwegs mit dem Beisatz machen, dass der neu zu ernennende Bischof ein Subject sein muss, welches die von mir für die Bischöfe allgemein vorgeschriebene Eigenschaften hat.***)

Semlin, 14. November 1788.

― ― ―

*) Siskovics, Josef Freiherr v., commandierender General in Böhmen.
**) Er wurde zum Dompropst in Salzburg ernannt.
***) Ein solcher musste Oesterreicher sein und zehn Jahre die Seelsorge versehen haben.

15.
An Feldzeugmeister Clerfayt!*)
19. April 1789.

„Connoissant l'interet et l'amitié, que vous avès pour ma personne, je vous fais savoir que mes incommodités qui durent depuis 9 mois ont enfin degénérée dans un vomissement de sang, qui m'etant venu 4 fois de suite m'a mis effectivement en danger de vie au point que j'ai cru devoir me faire administrer. Il a cessé depuis trois jours. Le pouls au dire des Medecins est bon et peut-etre cette crise determinera-t-elle cette longue et fatale incommoditè, je suis obligé au plus stricte regime et à ne pas bouger au lit, si cela peut remettre entièrement et que je reprenne des forces et un peu de chair que j'ai beaucoup perdu, je ne perderai pas le moment de me retrouver avec vous autres, ou mon devoir et ma vocation m'appellent.

Adieu M CC je ne put m'empêcher de vous donner cette petite assurance que je j'existe encore pour vous reiterer mon estime.

16.
An Laudon schrieb der Kaiser.
1. November 1789.

..... so wie ich Ihren schlüssigen guten Rath (nicht vorhanden), wofür ich Ihnen sehr verbunden bin, gewiss nicht ausser Acht lassen und des alten Sprichwortes eingedenk sein werde: si vis pacem para bellum.

17.
13. November.

..... Fütterung der Pferde mit Kukuruz, jedoch früher zu vermalen oder wenigstens zu verschrotten und genetzt in einer minderen Portion als den Hafer zu geben.

18.
9. December 1789.

Ich bin äusserst begierig zu erfahren, was für eine Antwort Sie vom Grossvezir durch den Teftertar erhalten werden und doch aus selben ein Faden herzuleiten sein werde, durch das man weiters zu einer allgemeinen Friedens-Negotiation wird gelangen können, welches von der äussersten Wichtigkeit ist, da die neuerlichen Empörungsumstände in Niederland und die gefährlichen Anschläge des Königs von Preussen den Frieden höchst nothwendig machen.

*) Clerfayt befand sich damals auf dem Kriegsschauplatz in der Türkei.

Ich erwarte auch sehnlichst Ihre baldige Zurückkunft und Ihren guten Rath über diese bedenklichen Umstände einzuholen und wünsche nur, dass die schlechte Witterung und die schlechten Wege Ihrer Gesundheit auf dieser Reise nicht nachtheilig sein mögen.*)

In Betreff der nun folgenden Handschreiben und Resolutionen, haben wir einige Bemerkungen vorauszuschicken. Wie man weiss, wurde Josef II. nach dem Tode seines Vaters, als Mitregent, mit der obersten Führung der Militärangelegenheiten betraut. Nicht minder ist es bekannt, dass zu jener Zeit Oesterreich und Preussen misstrauisch einander gegenüber standen, hüben und drüben gab es Kundschafter und Spione. Der Chef des österreichischen Kundschafterwesens an der sächsischen Grenze war Leopold Zeidler (über den wir weiteres in den „historischen Skizzen" S. 113 und 203 berichtet haben). Dieser Zeidler vermittelte auch die Einwanderung tüchtiger Handwerker („Künstler") aus Deutschland nach Oesterreich.

Wir lassen nun die Handschreiben in chronologischer Ordnung folgen:

19.

„Lieber Feldzeugmeister Siskovics! Ich vernehme ganz verlässlich, dass es viele Fremde, darunter auch preussische und sächsische Officiere sind, zu Nehmung der Badecuren, theils in Teplitz, theils in Carlsbad sich befinden. Da nun vorige Jahre durch dergleichen Badegäste das ganze Land durchwandert, besonders aber das ganze Mittelgebirge sogar aufgenommen worden, so werden Sie alsogleich, da zweifelsohne der Vorwitz unserer ausgewählten Positionen in selben, zu sehen, sie noch mehr anreizen wird, an einem jeden dieser Orte einen eigenen Officier benennen, der sich allhin begebe, die ganze Zeit allda verbleibe und mittels des Kreisamtes und der Magistrate genaue Obsicht trage, dass dergleichen Unfug nicht geschehe und diese Fremdlinge, besonders aber Officiere, unter keinem Vorwande in diese Gegenden gelassen werden, und im erforderlichen Fall denen dawider heimlich oder öffentlich handeln wollen, aller Ernst gewiesen werde. Sie werden also mit der Landesstelle dieses einverständlich veranstalten und genau auf dessen Befolgung halten lassen. Laxenburg, 15. July 1779.

---

*) Am 28. December kam Laudon nach Wien.

20.

In Betreff der Arretirung des diesseitigen Unterthans Bauer waren Sie ganz recht daran, dass Sie von Seiten des Militairs keine Veranlassung haben treffen lassen, um allen widrigen Folgen auszuweichen, da die Sache von dem Politico, an welches Ich zugleich das Nötige ergehen lasse, in Bewegung gebracht werden wird und allerdings das Weitere von ihm abgewartet werden muss.

Wien, 28. Jänner 1780.

21.

.. Ich habe Ihre Nachricht vom 27. Februar richtig erhalten und da der aus Glatz entwichene preussische Canonier ein geschickter Maurer-Pollierer ist, so werden Sie demselben auftragen lassen, dass er sich sammt seiner Familie hieher verfügen und sich bei mir melden soll. Doch werden Sie ihm das nötige Reisegeld hierzu geben.

Wien, 4. März 1780.

22.

.. Da die von den Kundschaftern an der schlesischen Grenze mir zukommenden Nachrichten nicht allerdings verlässig erscheinen und daher einer Bestätigung bedürfen, so werden Sie die nötige Einleitung treffen, damit von demjenigen, was um und in Cosel besonders auch wegen der Veränderungen mit dem dortigen Stabsofficier vorgeht, alles genau eingeholt werde, um zu wissen, ob die Kundschafter von einer und der andern Seite übereinstimmen.

Wien, 15. September 1780.

23.

Wenn die vom Secretär Zeidler angetragene Abschickung des Olbernhauer Büchsenmachers nach Potsdam sich nicht allzuhoch beläuft, so wird dieser Versuch zu machen sein, um sich wegen der geschehenen Abänderung der preussischen Gewehre in eine verlässliche Kenntnis zu setzen.

Wien, 8. November 1780.

24.

Bei der Berechnung der geheimen Ausgaben finde Ich nichts anderes zu erinnern, als dass die Quittungen des Schneider bald mit dem Vornamen Friedrich, bald Caspar Friedrich, bald Johann Caspar unterschrieben vorkommen, so dass man nicht einsehen kann, ob mehr als ein Schneider an den Ossegger Secretär angewiesen sind, welche Letzteren Sie also nur die Weisung auf eine immer gleiche und ähnliche Unterfertigung der Quittungen geben werden.

Wien, 22. December 1780.

25.

... In Ansehung der zu entlassenden Kundschafter muss man versichert sein, dass diese im Lande bleiben und nicht emigriren oder dass sie wenigstens von den anderen Kundschaftern der allgemeinen Regel nach, mithin auch sogar von sich untereinander selbst nichts wissen müssen, weil ohne die Fürsicht zu befürchten wäre, dass sie aus Rache die anderen Kundschafter jenseits verrathen und diesen, sowie dem ganzen Geschäfte ein übles Spiel machen dürften.

Wien, 7. April 1781.

26.

Ich vernehme mit Gewissheit, dass ein Officier in Meinen Diensten sich nach Berlin soll verfügt haben, unter der Gestalt und Namen eines Maquignon oder Rosshändlers, dass er allda sei arretirt worden, verhöret und erkannt und selbst bekannt habe, dass er k. Officier wäre und also bis über die Grenze wäre begleitet und zurückgeschickt worden. Da nun Ich wissen will, wer dieses gewesen, um darunter wegen übertretenen Befehles ihn öffentlich zu bestrafen, so werden Sie sich allsogleich darüber genauestens erkundigen, da zweifelsohne es einer von Ihrem General-Commando gewesen. Ich vermuthe immer, dass es vielleicht Graf Wallenstein gewesen, der vormals unter dem 21. Cavallerie-Regimente diente, weil er sich mit Rosshändlerei und derlei dummen Streichen abgibt: soll er es gewesen sein und sich für einen Officier, der er nicht mehr ist, ausgegeben haben, so werden Sie es durch den Fürsten von Fürstenberg untersuchen lassen und nachhero werde Ich, nach erhaltenem Bericht, schon das Weitere anbefehlen; aber mir ist daran gelegen, dass Sie nächstens diese Sache ergründen und Mir anzeigen, wer es gewesen ist, weil es zur Ehre des k. Militärs nothwendig ist, dass wenn es keine Militärperson gewesen war, den Berliner Hof hierüber zurechtweise oder öffentlich bezeige, wie sehr man dies missbillige. Vielleicht ist es gar ein Cavallerie-Officier, von denen die nach Altona zur Uebernahme der Rimonte abgeschickt wurden, welcher sich etwa hat gelüsten lassen, sich, um Berlin zu sehen, für einen Rosshändler auszugeben.

Leitmeritz, 28. September 1781.*)

27.

Lieber Freiherr v. Reischach! Es ist mir schon zu verschiedenen Malen angezeigt worden, dass Fremde sich an den Gränzen einfinden und die dortigen Gegenden durchstreifen und besichtigen. Ein gleiches ist erst neuerlich bei einem preussischen Oberstforstmeister geschehen, welcher über die weissen Wiesenbeeten gegen Hohenelbe bis an Ramer (?) Bauden gekommen, alle Fusswege beschrieben und Tags darauf abermalen über die schlesische Baude, das Harrach'sche Gebiet bis über die Harrach'she grosse Baude besichtigt hat. Da es nicht möglich ist, dass von dem Cordon an der Grenze jahraus jahrein auf jedem Fleck eine Wacht ausgestellt sei, um dergleichen Grenzübertretungen zu verhindern, dieses hingegen geschehen kann, wenn nun auch von Seiten des Landes hiezu beigewirkt wird, so sind von an durch die Gubernia sowohl die herrschaftlichen Beamten als sämmtliche Einwohner an der böhmischen und mährischen Grenze gemüssigt, dahin anzuweisen, dass so oft sich ein derlei Fremder an den Grenzen einfindet und auf obige Art oder wie sonst immer sich verdächtig macht, solcher allsogleich arretirt werde und will ich in diesem Falle die doppelte Taglia, die sonst für einen Deserteur bezahlt wird, für einen derlei preussischen oder schlesischen Ausspäher bezahlen; jener aber, der diesen Befehlen kein Vollzug leisten werde, soll wie ein Desertionsverhehler angesehen und bestraft werden. Nur muss der Behörde zugleich mitgegeben werden, dass sie von der Ankunft und Betretung der Grenze eines solchen Fremden allsogleich und ohne mindesten Zeitverlust bei dem nächsten Cordonsquartier die Anzeige machen soll.

Laxenburg, 28. Juny 1782.

28.

An Siskovics.

Nachdem vermuthlich bei dem heurigen Lager bei Prag auch wegen der Gegenwart Ihrer k. Hoheiten auch mehrere Fremde sich dahin zu verfügen werden gelüsten lassen; so will Ich im Voraus Ihnen den Auftrag machen, dass aller Orten auf der Grenze und den sämmtlichen Poststationen in und um Prag

*) Es war kein Militär.

in den dabei gelegenen Ortschaften keine Fremden ohne Ausnahme, besonders jene, die aus dem Preussischen, Sächsischen oder aus dem Reiche dahin kommen und nicht mit einer ausdrücklichen Erlaubniss von mir versehen sind, gelitten werden; zu welchem Ende derlei Fremde auf das genaueste zu beobachten sind und allsogleich vor der Hand abzuweisen.

Laxenburg, 29. July 1782.

29.

Es ist Mir zugekommen, dass ein sicherer Oberst Freystadt, Chef von einem Badensischen Infanterie-Regiment, welcher Russland in dem letzten Kriege gegen die Pforte, Preussen aber in der Campagne von anno 778 bei einem Frei-Corps gedient hat und von da mit dem Oberstlieutenant-Titel entlassen worden ist, in das Prager Lager zu kommen des Vorhabens sei, um allda den Spion für den König von Preussen zu machen, um aber seine Absicht ebenso unbemerkt als sicher zu erreichen, will er sich mit einem Empfehlungsschreiben von dem Markgrafen von Baden an den Feldmarschall Lacy versehen.

Damit nun dieser Freystadt behörig empfangen werde, haben Sie an der Grenze die Verfügung zu treffen, dass man auf solchen ein besonderes obachtsames Auge trage und ihn, so wie er erscheint, gleich wieder über die Grenze zurückweise. Sollte er dennoch nach Prag kommen, so ist ihm zu bedeuten, dass kein fremder Officier, besonders jene nicht, welche Sachsen und Preussen gedient, zugelassen werden.

Hingegen wurde dem Mr. d'Otichamps, Officier von der französischen Gensdarmerie nebst zwei anderen und den neapolitanischen Officiers, die sich in Wien befinden, die Erlaubnis ertheilt, bei dem Prager Lager erscheinen zu dürfen.

12. August 1782.

30.

Am 7. Februar 1784 berichtete Feldmarschall-Lieutenant Wurmser, dass ihm der Secretär Zeidler einen Plan von Dresden, in welchem die neu angelegten Werke angedeutet sind, überschickt habe und fragt, wie viel man dem Verfasser geben soll.

Hierzu bemerkte der Kaiser: „Dieser Plan enthält lediglich die Festung Dresden und die Vorstädte mit ihren neuen Werken, nicht aber zugleich die Situation um diesen Platz herum. Sollten Sie zugleich diese sammt den in solcher Gegend bestehenden

Verschanzungen von eben dem Verfasser verlässig zu erhalten Hoffnung haben, so könnten ihm dermalen für den gegenwärtigen Plan 20 Ducaten als die verheissene Belohnung abgereicht werden." *)

Die Handschreiben etc., die nun folgen, sind an den Grafen Wallis, Nachfolger von Siskovics, später Präsident des Hofkriegsrates, gerichtet.

31.

Lieber FZM. Wallis! Es hat der Fürst Stanislaus Poniatowsky das Ansuchen an mich gelangen lassen, womit er bei seiner nach Deutschland machenden Reise auch die militärischen und andern Merkwürdigkeiten in Böhmen, besonders zu Königgrätz und Prag besichtigen dürfe: nun bin ich zwar diesem Verlangen des Fürsten nicht entgegen und es können ihm daher im Allgemeinen die Oeconomie-Commissionshäuser, Artillerie, Depositorien-Magazine und dergleichen Gegenstände allerdings gezeigt werden; jedoch muss solches allemal in Begleitung der betreffenden Commandanten geschehen, auch ist sowol auf ihn als besonders auf seine mithabende Suite eine zwar gefällige aber doch so viel wie möglich genaue Aufsicht zu tragen, vorzüglich aber, wenn er vielleicht auch die nun erbauenden Festungen zu sehen verlangen sollte und da er schon demnächst nach Böhmen zu kommen Vorhabens ist, so werden Sie sogleich die nötigen Weisungen an die betreffenden Commandanten und Directors besagter Festungsplätze zukommen lassen, damit dem Fürsten obbesagter Massen die Gegenstände nur *en gros* gezeigt, sonst aber kein Plan einsehen gelassen werde.

Wien, 20. May 1784.

32.

Ueber Zuschrift wegen Einquartierung vom 7. Juni 1784:

Sie werden sich unter der Hand erkundigen lassen, ob das Toscanische Haus zu verkaufen sei und wie theuer dasselbe gehalten werde. Ich vermute, dass, da die Häuser in Prag sehr wohlfeil sind und der Herzog von Zweibrücken schon die Fussböden und die Schlösser an den Thüren soll haben verkaufen lassen, dieses Gebäude wegen seiner Grösse, schönen und ge-

---

*) Die Kundschaftergelder vom 1. November 1781 bis 31. October 1782 betrugen 1102 fl. 58 kr.

mächlichen Lage, nahe bei dem Schlosse eben nicht zu hoch zu stehen kommen dürfte.*)

33.

Lieber Graf Wallis! Es ist schon eine geraume Zeit, dass von dem preussischen Strassenbau nichts vorgekommen ist, ausser demjenigen, was Lieutenant Taubenheim mittelst seinen letzten Bericht wieder davon in Anregung gebracht hat. Da es aber dennoch einmal an der Zeit ist, in dieser Angelegenheit nicht nur stückweise, sondern im Ganzen unterrichtet zu sein, so werden Sie dem Oberstlieutenant Nanendorf, welcher ursprünglich den Auftrag hatte, diesen Strassenbau zu observiren, den Befehl sogleich zukommen lassen und dass er eine vollständige Erläuterung beizubringen habe, in was die seitherigen Vorstellungen der jenseitigen Strassen eigentlich zusammen genommen bestehen, welches die hergestellten Strassen sind, was für eine Verbindung solche untereinander haben, ob solche bei einem entstehenden Kriege den König in Preussen zu einem Einbruch in Böhmen auf dieser Seite mithin um unserer Position an der Elbe in den Rücken zu kommen wirklich Vorschub geben dürfte, anderseits aber, was man in diesem Falle auf dieser Seite nach der Anhandgabe des Terrain für Anstalten zu treffen habe, um eine dergleichen Unternehmung fruchtlos zu machen...... Wenn er (Taubenheim) hier anwesend ist, werden Sie ihn zu mir schicken, damit ich mit ihm spreche.**)

Illoupetin, 9. September 1787.

34.

..... Es ist Mir die hier nebengehende an sich zwar nicht sehr wahrscheinliche Nachricht vom 26. d., wegen verschiedener, preussischer Seits an der Grenze vorbereitet werden sollender Defensionsanstalten zugekommen, die ich Ihnen gleichwohl zu dem Ende zufertigen will, hiervon die nähern Kundschaften in den Grenzen einzuziehen.

Zugleich werden Sie bedacht sein, von allen demjenigen, was etwa bei dermaligen Umständen für Veränderungen in dem jenseitigen Gebiete in der Verfassung des Landes und überhaupt in allen Anordnungen, was Namens sie sein mögen, getroffen werden dürften, die sichere Nachricht einzuziehen, wovon Mir

*) Dieses Schreiben gewinnt an Interesse, wenn man sich an die Verhandlungen mit dem Herzog von Zweibrücken von Seite Oesterreichs erinnert.
**) Dieselbe Frage wurde am 7. August 1786 wiederholt.

immer nach und nach, so wie man hiervon zur Kenntniss gelangt, die Berichte zu erstatten sein werden.

Wien, 31. Juny 1786.

Beilage.

1. Die ganze Gegend an der Grenze wird durch Ingenieure aufgenommen. Bei Blasdorf und Buchwald sollen Blockhäuser gebaut werden.

2. Desgleichen unweit Schmiedberg bei Dittersbach, wo in dem 1778jährigen Kriege der Feldmarschall Graf von Wurmser dem Feinde einen sehr nachtheiligen Ueberfall gethan. Es wird Kalk gebrannt, Materialien herbeigeführt und 600 Schiebkarren waren verfertigt.

3. Die Defensionsgegenden bei Landshut und Grüssau werden mit Pallisaden besetzt, wozu die Grüssauer Herrschaft bereits 600 Stamm Hölzer zu liefern hat.

4. Alle königl. preussischen Regimenter haben die strengste Ordre, sich im marschfertigen Stand zu halten.

5. Zur Besatzung der schlesischen Grenze sollen zwei Regimenter nebst den Jägern anlangen und in Liebau zwei Compagnien zu stehen kommen.

35.

Ueber Bericht vom 5. August 1785.

Ueber die Mir von Ihnen beigeschlossene Nachricht des Zeidler, dass verschiedene Künstler aus Sachsen sich zur Uebersiedlung in diesseitige Lande anerbieten, habe Ich die vereinigte böhm.-österr. Hofkanzlei vernommen, welche Gattungen von Künstlern man diesseits vorzüglich brauche. Diese hat Mir nun die in Abschrift hier beiliegende Aeusserung ertheilt, worauf Ich die unter einem anschlüssige Vorkehrungen angeordnet habe.

In dieser Gemässheit werden Sie daher nicht nur vorläufig den Zeidler von diesen Gattungen der Künstler, um seine diesfalls zu treffende Wahl bestimmen zu können, verständigen sondern auch von Seite des General-Commando, der Gubernien, wenn solche sich hierwegen an Sie wenden, die hilfliche Hand zu bieten bedacht sein.

36.

Ueber Vortrag vom 29. September 1785.

Da aus Ihrem Bericht nicht zu ersehen ist, ob von der hier zurückfolgenden Aeusserung des Zeidler[*]) der Herüberkunft

---

[*]) Die Harbine, Dreidrat, Halbseide oder Beusel, dann Schang und feine Manchester verfertigen.

fremder Künstler dem böhmischen und respective auch dem mährischen Gubernio die Mittheilung gemacht worden: so erlasse Ich unter einem eine Abschrift des Zeidler'schen Schreibens an die Kanzlei mit dem Auftrage, das Etablissement der bereits herübergetretenen und treten wollenden 10—14 Köpfe*) in Folge Meiner diesfalls schon gemachten Anordnung bestmöglichst zu unterstützen und dem Prälaten in Ossegg den Vorschuss von fl. 2—3000 zu leisten.

37.

..... Da das böhmische Hauptlager nun bald seinen Anfang nehmen wird, so schicke Ich Ihnen hierüber die Tagordnung im Voraus, was für Uebungen Ich mit den Truppen während der Lagerzeit und Meiner Anwesenheit vornehmen zu lassen gedenke, damit Sie sich darnach richten können. Diese Gelegenheit wird mir angenehm sein, Sie wieder persönlich zu sehen.

Turas, 5. September 1786.

38.

..... Aus den in Abschrift hierneben folgenden zweien Anzeigen werden Sie des mehreren ersehen, welche ordnungswidrige und gefährdevolle Handlungen dem hiesigen Oeconomie-Commissions-Commandanten, Oberstlieutenant Augustini sowohl, als den beiden Commissions-Officieren Lizenmayer und Kifner angeschuldet werden.

Da es nun allerdings die Sache fordert, auf den wahren Grund dieser Anzeige zu kommen, so haben Sie vor Allem den Commissions-Commandanten mit beiden vorbenannten Officiers aus dem Commissionshause, ohne dass sie sich es im Voraus im geringsten versehen können, zu entfernen, dergestalt, dass sich ihrer Schriften versichert und ein jeder besonders, jedoch zusammen in einer Caserne allhier in Verwahrung so gebracht werden, dass keiner mit dem andern, weder auch jemand anderer mit ihnen zusammenkommen kann.

---

*) Bericht Zeidlers (10. und 24. August 1785). Bei dem mir bekannt gemachten Gegenstand jener Fabrikanten, die anverlangt und in die Fabriken gesucht werden, habe ich nur allerunterthänigst zu eröffnen, dass jene Künstler und Fabrikanten, die von mir eingesendet werden, so viel wie möglich alle Unterstützung finden, damit diese Leute nicht wieder zu emigriren verleitet werden, sonst bin ich auf der Stelle in Sachsen und Preussen vom Kopf bis zu den Füssen beschrieben und verrathen.

Zugleich aber werden Sie von der hiesigen Garnison einen Stabsofficier in das Commissionshaus anstatt des Augustini, nebst zwei anderen Officieren, statt der beiden arretirten Officiere zu ihren Departements ad interim commandiren, damit unterdessen alles in der Ordnung fortgeführt werden kann . . . .

Nach obenstehendem werden Sie also das der Sache angemessene zu verfügen — zugleich aber auch ihre Anstalten so zu treffen haben, dass niemand vorher in die mindeste Kenntniss davon kommen kann, bevor nicht Augustini und die beiden obgenannten Commissions-Officiere aus dem Commissionshause und von einander selbst obgedachtermassen entfernt sind.

Prag. 21. September 1786.

39.

Aus beigehendem Rapport des Postbeförderers und Branntwein-Visitators Zitteck werden Sie ersehen, in welchem Zustande sich die bekannte jenseitige Strasse befinden soll. Da dieser Mensch ferner noch mündlich nachgetragen hat, in welcher Richtung diese Strasse mit Reichenberg und Liebenau gehe, nämlich, dass der Weg von Reichenberg über Reinewitz, Gablunzen, Wiesenthal, Morgenstern, Donauwald und Przichowitz, sodann $3/4$ Stunden bis an das Brandweinhaus und die Grenze, dann auf die Strickerhäuser, Mühlhaus auf die Glashütte, Scheibenhelm, Warmbrunn und Hirschberg gehe, von Liebenau aus hingegen der Weg über Reichenau, Talleschütz, Kleindorf auf Morgenstern gingen, wo sich solcher mit der Strasse von Reichenberg vereinige, so werden Sie sowohl über diese Verbindung der Strasse von Reichenberg und Liebenau aus bis an und über die Grenze mit jener von Hirschberg und Warmbrunn, als auch über obgedachten Rapport, ohne jedoch den Verfasser zu nennen, den Oberlieutenant Weber vernehmen und Mir seine Auskunft nachtragen.

Prag. 20. September 1786.

40.

Lieber . . Obschon die Generalverordnung besteht, dass bei denen Civilarrestanten keine Militärwacht gehalten werden solle, und dieser Befehl auch vor zwei Jahren noch wiederholt worden ist, so habe Ich in dem hiesigen Arbeitshause gleichwohl eine solche gesehen und vernommen, dass in dem Spinnhause ebenfalls eine Militärwache sein soll. Sie werden also die Appelation und die Polizei sogleich erinnern, dass solche zur Bewachung ihrer Züchtlinge, wenn es erforderlich ist, mehrere Leute von ihrer eigenen Polizeimannschaft verwenden soll, unter einem aber den Befehl ertheilen, dass die Militärwachen von beiden diesen Orten gleich mit morgiger Ablösung eingezogen werden.

Prag, 2. October 1786.

41.
Ueber Vortrag vom 19. November 1786.

Bei der hiefür zu treffenden Dislocation der Truppen in Böhmen will Ich, dass von nun an die Festungen stabile Garnisonen, welche aus den dritten Bataillons zu bestehen haben, verlegt werden, wodurch alles Hin- und Hermarschiren zu Lagerszeit vermieden und auch für Kriegszeiten schon ein stabiler Fuss in selben verbleiben wird. Dieses zwar auf folgende Art, nämlich:

... Was die sämmtlichen Grenadiers in den Feldbataillons betrifft, so wird von denselben nach Prag und in die anderen Garnisonen so viel zu legen sein, dass der Raum ohne Belegung der Casematten und ohne Nachtheil des Gesundheitsstandes zulässt. Dann sind die leerstehenden geistlichen und andere Gebäude dazu nach Möglichkeit zu verwenden, wiederum mit der Rücksicht, dass sie in einer gesunden Gegend seien und deren Zurichtung nicht gar zu kostbar ausfalle.

Ich will auch gestatten, wenn Sie es für besser halten, dass die zwei Grenadier-Bataillons, die in Tabor und Neuhaus liegen, wenn sie allda gut sind, verbleiben können.

Was die Cavallerie und die übrigen Anstalten betrifft, berufe ich mich auf das, was Ich Ihnen schon darüber vorgeschrieben habe und wird eine Division Husaren in Pless und eine andere in Theresienstadt in Kasernen in Quartier verlegt werden, welche alle Jahre nach dem Lager mit den zwei anderen Divisionen werden abwechseln können, so auf dem Land werden verlegt werden. Auf diese Art wird das Husaren-Regiment auch mehr concentrirt und von den äussersten Grenzen zurückgezogen werden können. Was die Posten in Prag anbelangt, so sind sie zwar ziemlich zahlreich und erachte Ich, dass die noch von alten Zeiten her bestehenden Posten in der Judenstadt und dem Tandelmarkt, die nach Vermuthungen von Studentenauflauf und dgl. zurückgelassen, gänzlich könnten eingezogen werden.

In dieser Gemässheit werden Sie also auch die weiteren Entwürfe wegen der Feldbataillons und der Cavallerie-Regimenter verfassen und mir sonach das Ganze vorlegen.

VII.

(Excurse.)

Wir fügen hier noch einige Notizen über auswärtige Angelegenheiten bei:

Baron A. Herbert, österreichischer Gesandter in Constantinopel, sollte das Notificationsschreiben der Thronbesteigung Josef II. dem Sultan und dem Grossvezier übergeben und zwar nach dem alteingeführten Gebrauche, in einer feierlichen Audienz. Es wurden jedoch blos die Kosten der Audienz in Rechnung gebracht; die sonst bei ähnlichen Gelegenheiten übliche gewesene Beifügung von Geschenken an den Sultan, an die Minister sowie die hierauf erfolgten Gegengeschenke kamen in Folge gegenseitigen Einvernehmens bereits im Jahre 1756 ab. Herbert wird daran, „bei der bekannten Habsüchtigkeit der Türken", erinnert (19. December 1780). Die Kosten betrugen 4753 Piaster und 30 Para = 5347 fl. 57½ kr., dazu gerechnet das Agio zu 1336 Ducaten à 7½ kr. = 167 fl.

Im Jahre 1786 war in Asien und auch in Constantinopel die Pest. Der Kaiser hatte befohlen, Briefe etc. auszuräuchern u. s. w. Es erhoben sich dagegen Stimmen, doch der Kaiser bemerkte, 7. December 1786: „Bei meiner einmal erlassenen Anordnung hat es unabänderlich zu bewenden und ist nichts im geringsten bei genauer Verantwortung hiervon abzuändern, da mir die Umstände *in localis* bekannt sind.

Wem diese Methode nicht recht ist, der mag sich gleichwohl seine Briefe durch andere Wege kommen lassen oder zu Hause räuchern, in Essig sieden, durchs Fenster lesen oder sonst machen was er will. Und so sind alle darüber vorkommenden Sanitätsfragen bei Fremden zu verabschieden."

Wie bekannt legte der Kaiser grossen Wert auf die Allianz mit Russland. Es wäre jedoch ein Irrthum anzunehmen, dass man blind war gegen alles das, was Russland zur Erweiterung seiner Machtsphäre, manchmal auf Kosten Oesterreichs, unternahm. Wir führen diesbezüglich folgendes an: Kaunitz befürwortete, übereinstimmend mit dem Hofkriegsrath, 9. September 1783, dass in Jassy wie in Bukarest ein beständiger Consul bestellt werde, um sichere Nachricht über den auswärtigen Gesundheitszustand zu erhalten. Derselbe sollte ferner für eine grössere Begünstigung der österreichischen Handelschaft sorgen und könnte er auch die Rückschaffung der Deserteure und Unterthanen bewerkstelligen.

Kaunitz fügte hinzu: Es sei auch zu beachten, dass bei dem dermaligen Zeitpunkt, wo die Russen in den beiden Fürstenthümern so sehr den Meister spielen, auch von Seite Oesterreichs auf die beiden Fürsten gedrungen werden muss, um sie zu Gunsten der österreichischen Unterthanen zu vermögen und bei dieser Nation kann dies nur durch Zudringlichkeit und indem man einen hohen Ton anschlägt, erzielt werden.

Am 15. Februar 1782 erstattete Fürst Kaunitz einen Vortrag, dem wir Folgendes entnehmen: Im Jahre 1777 musste der Gesandtschaftscaplan zu Dresden, P. Paulman abberufen werden, weil er 5000 fl. laurentinische Stiftungsgelder veruntreut hatte. Bald hernach brach der bayerische Erbfolgekrieg aus und die Capelle, die sich in der Neustadt befand, blieb ohne eigenen Priester, jedoch gestattete der Kurfürst einem Priester aus seinem geistlichen Hause den Dienst zu versehen, wofür dieser eine Remuneration erhielt. Da dieser jedoch nun sein Amt aufgeben musste, so fragte es sich, ob der Kaiser selbst einen neuen Caplan ernennen will oder ob der Director der theologischen Facultät, der Abt von Braunau, einen Geistlichen benennen soll, „der mit einem anständigen Wesen, die zu dieser Gesandtschaftscaplanei, der zugleich alle Pfarramtspflichten ausüben, nöthigen Eigenschaften vereinbare". Baron Metzburg[*]) glaubte, ein jährlicher Gehalt von 700 fl. werde genügen und die Capellenerfordernisse werden jährlich 300 fl. betragen. Es werde jedoch notwendig sein, die verdorbenen Kirchengeräthschaften wieder zu repariren und dürften die Kosten dieser Reparatur 400 fl. ausmachen. Auch wären die interimistischen Capellenverweser zu

---

[*]) Oesterreichischer Gesandter am chursächsischen Hofe.

belohnen, deren Mühe nicht klein sei, da die Gesandtschafts-Capelle zugleich die einzige Kirche über der Elbe und zwar nicht allein für die Neustadt, sondern auch für die umliegenden Orte ist und gegen 4000 Seelen zählt.

Da überdies diese Capelle von grossem Nutzen für den sächsischen Hof ist, so dürfte sich dieser wieder herbeilassen, wie früher 300 fl. für den Geistlichen zu zahlen.

Der Kaiser resolvirte:

„Da in Dresden eine so grosse und schöne öffentliche katholische Kirche vorhanden ist, so sehe ich nicht wohl ein, zu was für die Neustadt, die mit der Altstadt durch eine steinerne Brücke verbunden, auch nicht gesagt ist, dass die k. Gesandtschaft immer auf der Neustadt wohnen wird, eine eigene Gesandtschafts-Capelle nötig sei. Also erachte, dass man gegen eine Remuneration von 300 fl. die Sache auf dem Fusse lassen könnte, auf dem sie jetzo ist, oder wenn doch Metzburg einen eigenen Geistlichen unentbehrlich braucht, so ist das allergemächlichste und wohlfeilste, ihm aus Böhmen einen Capuciner oder Franziskaner zu schicken, der gern gegen den Genuss von 300 fl. alldort leben und subsistiren wird. Wegen des Verflossenen ist den Geistlichen, die die Capelle bedienen, eine Remuneration von 100 Ducaten zu geben."

Es wurden hierauf Mönche aus Böhmen berufen, die sich weltlich kleideten, da sie in Dresden öffentlich nicht in Ordenskleidung erscheinen durften, und erhielten sie die weltliche Kleidung aus Staatsmitteln.

www.ingramcontent.com/pod-product-compliance
Lightning Source LLC
Chambersburg PA
CBHW020106170426
43199CB00009B/415